SECOND MEMOIRE

POUR la Dame Marquise d'Antigny, en qualité de mere & tutrice de ses enfants.

CONTRE le Sieur Languet.

CE procès, qui fournit l'exemple de la contumace la plus outrée & la plus téméraire d'un Vassal à l'égard de son Seigneur dominant, se réduit à trois questions principales.

La premiere ; si le Fief de Sivry est de toute ancienneté mouvant de la Seigneurie d'Antigny.

La seconde, si par l'acquisition d'une petite portion de ce Fief, faite par Girard de Vienne, Seigneur pour lors d'Antigny, Sivry a cessé pour le tout ou en partie, d'être un arriere-Fief de la même Seigneurie.

Et la troisiéme, si le désaveu du Seigneur dominant, fait indûment, & contre sa propre connoissance , par le Sieur Languet son Vassal, a rendu son Fief sujet à la Commise.

Quelques ténébres que le Sieur Languet ait cherché à répandre dans ce procès, dans le dessein d'éblouïr, comme il a fait, les yeux des premiers Juges, & d'échaper à la peine que mérite sa félonnie, à la faveur de quelques paradoxes qu'il a trouvé le secret de faire adopter ; la Dame d'Antigny se flate de mettre ces trois questions, sur lesquelles roule tout le procès, dans un si grand jour, qu'il ne sera plus possible à sa Partie d'éviter sa condamnation.

PREMIERE QUESTION.

Le Fief de Sivri est de toute ancienneté , mouvant de la Seigneurie d'Antigny.

Il faut commencer par écarter une chimére dont le Sieur Languet sime à se repaître, & dont il a cherché à surcharger l'esprit des Juges ; sçavoir, qu'il a dans Sivry un Fief de la Tour , distingué du reſte de la Seigneurie ; chimére qui n'a aucun fondement, & qui quand elle en auroit, ne feroit d'aucune utilité au procès.

Il eſt vrai que Jean Brouhot, Sieur de Sivry, a d'abord pris la qualité de Sieur de la Tour de Sivry, & enſuite celle de Seigneur de Sivry ſimplement; mais la raiſon en eſt toute naturelle : comme cette petite Terre étoit anciennement diviſée entre pluſieurs Seigneurs, celui qui poſſédoit la Tour, qui y étoit anciennement, prenoit la qualité de Seigneur de la Tour de Sivry, pour ſe diſtinguer des autres ; tel étoit Jean Brouhot, lorſque dans les repriſes de 1574 & 1578, il ſe qualifia Seigneur de la Tour de Sivry; dans la ſuite, & quand il eut réuni en ſa perſonne toutes les parcelles de cette Terre, comme il n'y avoit plus de diſtinction à faire entre les différents Seigneurs, il ne prit plus que la qualité de Seigneur de Sivry.

Cottes 6 & 7.

Page 10 de ſon l'actum.

Mais, dit le Sieur Languet, s'il n'y a pas deux Seigneuries de Sivry, *pourquoi dans le dénombrement de la Terre d'Antigny*, Mr. *d'Antigny employe-t-il comme arriere-Fiefs deux Terres de Sivry ?* la réponſe eſt aiſée; il y a eu en effet à Sivry deux arriere-Fiefs d'Antigny; l'un étoit poſſédé par les Brouhot, & il eſt diſtingué dans le dénombrement par ces termes, *A la part de la Veſure ;* l'autre avoit été acquis des Brouhot par les Moingeon, qui en avoient repris de Fief en 1642, comme on le verra dans la ſuite; & voilà pourquoi dans le dénombrement que le Sieur de Damas fournit en 1656 à la Chambre des Comptes, il y comprit deux Fiefs de Sivry ; comme celui qui a été fourni en dernier lieu, a été moulé ſur le premier; il n'eſt pas ſurprenant qu'il s'y trouve conforme, & c'eſt là l'explication de l'énigme.

Cotte 13.

Du reſte, ce ſeroit perdre du tems que d'en dire davantage ſur un pareil fait ; car quand il ſeroit auſſi bien conſtaté, qu'il l'eſt mal, à quoi aboutiroit-il? puiſqu'il eſt conſtant en fait, que toutes les portions de Sivry, que poſſéde aujourd'hui le Sieur Languet, ont toujours relevé d'Antigny, ſoit ſous le nom particulier de Seigneur de la Tour de Sivry, ſoit ſous le nom général de Seigneur de Sivry, ainſi c'eſt à la preuve de ce fait qu'il faut s'attacher, & pour le faire avec ordre, & ne point laiſſer de confuſion dans les eſprits, on partagera le fait & les tems en différentes époques.

Etat de la Seigneurie de Sivry juſqu'en 1529.

Il eſt prouvé au procès que dès l'an 1296, la Terre de Sivry étoit un arriere-Fief d'Antigny; cette preuve réſulte d'un acte à cette datte, contenant pluſieurs repriſes de Fief de cette Terre, faites par différents poſſeſſeurs, à Richard de Montbéliard, alors Seigneur d'Antigny ; il eſt vrai que cet acte ne ſe trouve plus, mais il eſt viſé dans le procès verbal du Lieutenant au Bailliage d'Arnay-le-Duc, fait contradictoirement le 16 Décembre 1579, tant avec le Procureur du Roi, qu'avec Jean Brouhot, auteur du Sieur Languet; ainſi indépendamment de la maxime, *in antiquis enuntiativa probant*, le Sieur Languet ne peut combattre une énonciation faite avec celui qu'il repréſente, & de là la fin de non-recevoir qu'on

Cotte 9.

lui a opofée, & fur laquelle on s'eft étendu plus au long dans la Requête du 2 du préfent mois de Juillet.

Le même procès verbal énonce encore d'autres pareilles reprifes de l'année 1487, qui par les mêmes raifons doivent être tenuës pour indubitables, d'autant plus que dans les écritures du Procureur d'Office d'Antigny, du 13 Aout 1619, qui ont été produites au procès, & dont le Sieur Languet voudroit fe prévaloir, il pofa pour un fait certain, que tous les différents Seigneurs de Sivry relevoient d'Antigny, fans que ce fait ait été alors dénié; la Supliante a recouvré même depuis peu, un de ces titres; c'eft la reprife de Fief, & le dénombrement d'Etienne de Sivry, l'un des copropriétaires de cette Terre, à Marguerite de Vantadour, Comteffe de Joigny & Dame d'Antigny, & ce à caufe de fon Château d'Antigny; *nomine & ad caufam caftri fui de Antigneyo prædicto*; cet acte eft datté du Mecredy après la Réfurrection de Nôtre Seigneur, de l'an 1387.

Le Sieur Languet dira à ce fujet tout ce qu'il lui plaira; il débitera fur cet article tant de verbiage qu'il voudra, mais jamais il ne détruira des faits que fes auteurs ont reconnus, qui ont été vérifiés avec la Partie publique au Bailliage d'Arnay-le-Duc, qui font prouvés d'ailleurs, & même avoués par les Gens du Roi de la Chambre du Domaine.

Etat de la même Seigneurie, depuis 1529 jufqu'en 1589.

Par un acte du 2 Novembre 1498, on voit que dès le mois précédent, M. Arbalefte, Avocat Général en ce Parlement, avoit acquis de Pierre de la Boiffiere la moitié par indivis de quelques Terres, & entre autres de la Seigneurie de Sivry.

Après la mort de M. Arbalefte, quelqu'uns de fes héritiers, qui étoient en grand nombre, vendirent en 1529, à Girard de Vienne Seigneur d'Antigny, la moitié *par indivis* de quelques Terres, dont il n'eft pas queftion; *& de ce que tenoient en leur vivant feu Noble homme & fage Me. Jacques Arbalefte, & Demoifelle Huguette Margueron fa femme, ès lieu de Sivry &c.* Ce font les termes de l'acte qui prouvent que Girard de Vienne n'acheta pas même tout ce que M. Arbalefte avoit poffédé à Sivry, mais la moitié feulement, *par partage fait avec les cohéritiers d'icelui;* au lot defquels le refte étoit aparemment échu.

Il ne fe trouvera pas que Girard de Vienne ait acquis rien de plus en la Seigneurie de Sivry; il eft vrai que le Sieur Languet foutient le contraire, comme avoüé dans les écritures du Procureur d'Office de l'an 1619; mais en premier lieu, quand cela feroit, une erreur de fait de cet Officier, & qui fe trouve combattuë par tous les actes du procès, pouroit-elle nuire au Seigneur? cela ne fçauroit raifonnablement fe propofer.

D'ailleurs le Sieur Languet abufe évidemment de quelques expreffions peu nettes & peu exactes de ce Procureur d'Office; pour s'en convaincre il n'y a qu'à les examiner, & les examiner même avec l'attention la plus fcrupuleufe; le Sieur Languet les a fait imprimer en partic.

Il commence par dire que *la plus grande portion en fonds & Domaine* (de la Seigneurie de Sivry) *étoit celle du Sieur de la Baume, que Jean Brouhot, Sieur de la Vesvre, acquit par decret, & le quart que ceux de Corbeton héritiers de Loüis Berthot y avoient, lesquelles parts il auroit bien & librement reconnuës être du Fief dudit Antigny.*

Il ajoute ensuite, que *le surplus de ladite Seigneurie de Sivry, A LA PART DE LADITE TOUR, apartenoit au Sieur Arbaleste, à Moingeard, à Antoine de Charnot, à cause de Françoise Simon sa femme, & à ses Consorts, enfants & héritiers du Sieur Simon, & aux Brouhot, & Margueron prédécesseurs du Sieur de la Vesvre, comme il se pourra connoître par les acquisitions des 24 & 26 Mai 1539, de tous lesquels Seigneurs, propriétaires & possesseurs, Messire Girard de Vienne auroit acquis le droit &c.*

Or, ces mots, *de tous lesquels Seigneurs* &c. ne peuvent évidemment s'entendre de la portion de Sivry, que Jean Brouhot avoit acquis par decret, puisqu'il ne l'acheta que long tems après 1529, comme il paroît par ses reprises de Fief de 1574 & 1578, laquelle portion a passé de lui jusqu'au Sieur Languet, sans avoir jamais été entre les mains, ni en la possession des Seigneurs d'Antigny.

On ne peut pas les entendre non plus de la Seigneurie de Sivry, *à la part de la Tour*, puisque suivant ces écritures, il ne s'agissoit que du *surplus de ladite Seigneurie, à la part de ladite Tour.*

Il est donc clair, que ces termes, *de tous lesquels Seigneurs* &c. ne peuvent être entendus que des propriétaires du surplus de la Seigneurie de Sivry à cette part de la Tour, qui avoit apartenu à M. Arbaleste, & à Huguette Margueron sa femme, & ensuite en partie aux Simon & Charnot ses héritiers, de qui en effet Girard de Vienne auroit acquis les droits en 1529.

De là il suit que c'est sans aucune raison, que le Sieur Languet a voulu tirer avantage de ce prétendu aveu de l'Avocat d'un Procureur d'Office, qui d'ailleurs n'a point assurément parlé ainsi à la vuë des piéces, mais aparemment sur quelques mauvais mémoires qui lui avoient été fournis ; la preuve en résulte de quelques méprises dans lesquelles il est tombé, & dans lesquelles ne seroit point tombé un homme qui auroit vû les actes mêmes.

En effet. 1°. Il compte Maugeard ou Moingeard, au nombre des propriétaires de la portion de la Seigneurie de la Tour de Sivry, & cependant il paroît par le contrat de vente de 1529, que ce Maugeard n'étoit que le Procureur spécial de Girard de Vienne qui acqueroit.

2°. Il donne les Brouhot & Margueron, pour prédécesseurs du Sieur de la Vesvre ; tandis que le Sieur de la Vesvre & Brouhot sont la même personne. A l'égard de Margueron, on ne connoît aucun autre de ce nom, qui ait eu quelque portion dans Sivry, qu'Huguette Margueron, femme de M. Arbaleste, qu'on pouvoit plutôt mettre au rang des prédécesseurs de Girard de Vienne, que du Sieur de la Vesvre, quoiqu'elle le soit aussi devenuë depuis, au moyen de l'acquisition qu'il fit de cette portion en 1589.

3°. En donnant la datte de 1539 au contrat de vente de 1529, il achéve de nous faire connoître qu'il n'avoit pas la piéce entre ses mains, & qu'il n'en parloit que sur un Mémoire infidéle.

Que le Sieur Languet cesse donc de vanter, comme il le fait si souvent, cet endroit des écritures de 1619, tandis qu'il est prouvé au Procès par des actes autentiques, qu'après l'acquisition faite par Girard de Vienne en 1529 de portion de Sivry, & avant la vente que fit son successeur à Jean Brouhot en 1589, ce même Brouhot en avoit acheté la plus grosse portion, non pas des Seigneurs d'Antigny, mais de Jean de la Baume, & des héritiers de Loüis Berthot. Ce qui prouve manifestement la fausseté de ce qui a été avancé par le Sieur Languet, & de ce qu'ont crû trop légérement les Gens du Roi en cause principale, que Girard de Vienne avoit réüni au chef dominant toutes les différentes portions de la Seigneurie de Sivry.

Ces fausses idées ainsi écartées, il doit demeurer pour certain au Procès, qu'à l'exception de ce que vendirent les héritiers Arbalesté à Girard de Vienne de la Seigneurie de Sivry en 1259, tout le reste étoit resté jusqu'en 1589, dans la qualité d'arriére-fief d'Antigny.

C'est ce que prouvent non-seulement les deux reprises de Fief, qui furent faites au Seigneur d'Antigny par Jean Brouhot les 10 Fevrier 1574, & 28 Mars 1578, mais encore la Sentence rendüe contre lui au Bailliage d'Arnay-le-Duc le 30 Octobre 1579. *Cottes 6 & 7.* *Cotte 8.*

Elle mérite d'autant plus d'attention, que Brouhot, digne prédécesseur du Sieur Languet, s'étant repenti d'avoir reconnu le Seigneur d'Antigny, pour son Seigneur dominant, avoit pris des Lettres pour être relevé de ses deux reprises de Fief, & avoit même voulu interesser les Gens du Roi en sa faveur.

Mais plus avisé que le Sieur Languet, il ne persista pas longtems dans son opiniâtreté, & à la vüe des titres de son Seigneur, il fut obligé de lui demander grace; ensorte que contradictoirement avec les Gens du Roi, qui déclarérent *qu'ils n'entendoient plus avant contester, & qu'ils se départoient de l'instance*, il fut dit que la Terre de Sivry possédée par Brouhot, étoit mouvante d'Antigny, & cela fut confirmé par le procès verbal de l'exécution de cette Sentence, qui fut dressé contradictoirement avec lui le 16 Décembre suivant. *Cotte 9.*

Etat de la même Seigneurie de Sivry, depuis 1589 jusques à présent.

L'état de la mouvance de Sivry étoit ainsi fixé, lorsqu'en 1589, Antoine de Vienne, Seigneur d'Antigny, qui avoit besoin d'argent, jugea à propos de vendre à Jean Brouhot ce qu'il avoit en la Seigneurie de Sivry, sans en rien réserver que ce qui avoit été vendu peu auparavant à Jean Goulié; le prix fut de 370 écus, avec la faculté de rachat pendant six ans. *Cotte premiere du Sieur Languet.*

Comme au moyen de cette clause, Antoine de Vienne ne regardoit point cette aliénation comme incommutable, & qu'elle

B

paroissoit être plutôt un prêt qu'une vente, il n'est pas surprenant qu'il ne s'y réserve pas précisément la mouvance ; mais on ne peut guéres douter qu'il n'y ait eu un acte passé peu de tems après, où ce Seigneur se réserva ce droit, vrai-semblablement en se départant de la grace de rachat articulé par la vente.

Cotte 11.

La preuve en résulte du compromis passé le 29 Août 1598, entre Jacques de Vienne, héritier d'Antoine, & Jean Brouhot ; car quoi qu'il y eût procès entre eux, pour l'exécution & l'interprétation du contrat de vente de 1589, Jean Brouhot ne laissa pas de convenir que la vente lui avoit été faite, *à la charge du Fief envers le Seigneur d'Antigny*, & certes il n'étoit pas un homme à faire un tel aveu, & surtout dans une telle circonstance, sans y être forcé par la vérité.

Cotte 10.

Cet aveu d'ailleurs, se trouve soutenu par les foi & hommage qu'il avoit rendu le 2 Octobre de la même année 1589, au Seigneur d'Antigny, pour l'acquisition qu'il venoit de faire de lui : or, peut-on présumer qu'un homme aussi difficultueux que Jean Brouhot, & qui dix ans auparavant avoit eu un procès avec beaucoup moins de prétexte, pour la mouvance contre son Seigneur, eût eu alors la facilité de lui accorder un droit, qui auroit été tant soit peu douteux ? quel est l'homme de bon sens à qui on persuadera, qu'étant entré de nouveau en procès avec lui, il eût oublié de joindre cette contestation aux autres ?

Certainement si cette prétention avoit eu le moindre fondement, il ne faut pas croire qu'on l'eût négligée dans une autre occasion qui se présenta depuis.

Cotte 12.

En 1613, Jean Brouhot & ses enfants avoient vendu avec faculté de rachat, une parcelle de leur Seigneurie, aux freres Moingeon. Les acheteurs en ayant pris la possession réelle, sans avoir fait le devoir de Fief, le Sieur d'Antigny prétendit qu'elle étoit tombée en commise. Les Brouhot prirent en main pour eux, & après avoir long-tems contesté la mouvance, enfin ils passèrent

Cottes 13 & 38.

une transaction avec le Seigneur d'Antigny le 19 Avril 1619, par laquelle ils le reconnurent pour leur Seigneur dominant, lui prêtèrent hommage, & promirent de retirer ce qu'ils avoient vendu aux Moingeon, qui à faute de le faire, reprendroient eux-mêmes de Fief, & moyennant cela le Seigneur d'Antigny se départit de la commise.

Cette transaction a-t-elle été légitimement passée ? c'est ce qu'on n'examinera pas quant à présent, n'étant question ici que du fait, qui prouve la continuation non interrompuë du droit de mouvance apartenant aux Seigneurs d'Antigny, sur la Seigneurie de Sivry, & les réconnoissances réiterées de leurs Vassaux, de qui le Sieur Languet tient tout son droit.

Cottes 14, 18 19 & 42.

Les Brouhot n'ayant point usé de la faculté de rachat de la portion de Sivry venduë aux Moingeon, ces derniers qui en ont joüi jusqu'en 1690, en ont repris de Fief en 1642, 1663 & 1670, & en ont fourni des dénombrements en 1663 & 1687.

Cotte 15.

Le 21 Novembre 1642, Charles de Saint Leger, Seigneur de portion de la Seigneurie de Sivry, comme ayant épousé une des

Brouhot, en fournit le dénombrement au Seigneur d'Antigny: ce qui fupofe qu'il en avoit repris de Fief.

Cette portion paffa enfuite à Philibert Thibert, de qui Jean-Baptifte de Trecourt l'ayant acquife, il en fit l'hommage au Seigneur d'Antigny le 16 Mai 1667, & en fournit fon dénombrement le 8 Mars 1672. *Cotte 17. Cotte 16.*

Le Sieur de Trecourt l'ayant remife dix ans après au Sieur Thibert, ce dernier en fit hommage au même Seigneur le 14 Aout 1682, & en donna en même tems fon dénombrement. *Cotte 20.*

Et le Sieur Thibert ayant cédé cette Terre à Me. Philippe Languet fon gendre, pere de l'Intimé, ce nouveau poffeffeur remplit les mêmes devoirs aux mois d'Aout & de Septembre 1686. *Cottes 21 & 22.*

Enfin, le 15 Fevrier 1690, le Sieur Languet pere ayant réuni à fa Seigneurie la portion des Moingeon, il en reprit encore de Fief au Seigneur d'Antigny, & en a joüi jufques à fa mort. *Cotte 34.*

Voilà donc 16 actes de devoirs de Fief, dont la Dame d'Antigny juftifie au procès, faits au profit de fes auteurs, depuis 1589, par ceux du Sieur Languet, parmi lefquels actes il y en a cinq, qui ont été faits par fon pere, & par fon ayeul.

Or, à la vûë de tant de reconnoiffances, dont les derniéres furtout, n'ont pû être inconnuës au Sieur Languet, il eft difficile de retenir fon indignation contre fon opiniâtreté & fa mauvaife foi; elle ne peut que redoubler, fi l'on veut bien faire attention aux deux lettres qu'il écrivit quelque tems avant le procès, l'une à la Dame d'Antigny, l'autre au feu Sieur Comte de Commarain: malgré fes détours affectés, malgré l'obfcurité dont il y envelope fes idées, il n'eft pas difficile de démêler qu'il n'y défavoüoit le Seigneur d'Antigny, que pour l'engager à acheter la confervation de fon droit, par quelque avantage, dont il ne s'explique pas par écrit, mais dont il ne s'eft point caché dans fes difcours: comme il n'eft pas tems encore de parler de la peine que mérite un tel procédé, & qu'on fe réferve de le faire dans fon ordre, on paffe à la feconde queftion qu'on s'eft propofé d'établir.

SECONDE QUESTION.

Le Fief de Sivry n'a point ceffé de relever d'Antigny, par l'acquifition d'une portion de ce Fief, faite par Girard de Vienne.

On a vû dans la déduction du fait, qu'en 1529, Girard de Vienne Seigneur d'Antigny, acheta de quelques-uns des héritiers de M. Arbalefte & d'Hugette Marguéron fa femme, *la moitié de ce qu'ils tenoient au lieu de Sivry.* Il falloit affurément que ce fût bien peu de chofe, car quoique cette vente comprît encore la moitié de la Terre & Fief de Neuilly, & d'autres Domaines à Huchey, Lapaluz & la moitié de la Corne-Guignan, le prix du tout ne fut néanmoins que de 664 livres. *Cotte 41.*

Cependant le Sieur Languet, qui fe plaît à nous donner fes

Pag. 1 de son ordre cronologique, & 16, 17, 19 de son Factum & passim

idées chimériques pour des réalités, ose avancer, qu'en faisant cette acquisition, le Sieur d'Antigny avoit réuni à sa Seigneurie la moitié, ou la totalité du Fief de la Tour de Sivry.

Mais sur quoi fonde-t-il cette prétention ? la preuve en paroîtra d'un goût nouveau. Si le Sieur d'Antigny, dit-il, représentoit le contrat de la vente faite à M. Arbaleste le 23 Février 1698, de portion de la Seigneurie de Sivry ; *PEUT-ETRE y reconnoîtroit-on, que Pierre de la Boissiere en vendant à Jacques Arbaleste la moitié de la Terre & Seigneurie de Sivry, lui vendit aussi la moitié, ou la totalité du Fief de la Tour.*

Or, qui a jamais oüi dire qu'on établisse des faits essentiels, des faits principaux sur un *peut-être* ? il faut convenir que cela étoit réservé au Sieur Languet. De plus, sur quoi supose-t-il que le feu Sieur d'Antigny avoit en sa puissance le contrat de 1498 ? il l'a toujours nié, & la Dame sa veuve est prête à s'en purger par serment. D'ailleurs la quittance de la même année prouve le contaire de ce qu'il avance, car elle justifie que le Sieur Arbaleste n'avoit acquis que la moitié de Sivry. D'où il s'enfuit que ses héritiers n'ont pû vendre le tout.

Enfin, par les actes produits au procès, il est démontré qu'en 1589 le Seigneur d'Antigny ne vendit à Jean Brouhot qu'une portion de cette Terre. Car on y voit, qu'avant cette vente, ce même Brouhot avoit déja pris dans ses reprises de Fief de 1574 & 1578, la qualité *de Seigneur de la Tour de Sivry*, & qu'il l'avoit acquis des Berthot & la Baume. Il est donc faux que ce Fief eût passé entre les mains du Sieur d'Antigny par l'acquisition de 1529. Mais c'est trop s'arrêter après un point qui ne mériteroit pas même, qu'on y répondît sérieusement, si le Procureur du Roi n'en avoit fait, on ne sçait sur quoi, le fondement de son intervention.

Cottes 6 & 7.

Ainsi pour réduire la question, & la renfermer dans de justes bornes, & pour convaincre en même tems la Cour de l'injustice de la Sentence dont est apel ; & que la parcelle du Fief de Sivry qu'acquit en 1529 le Seigneur d'Antigny, n'a pas été tellement unie au Fief dominant, qu'elle n'ait pû être depuis aliénée avec son ancienne qualité d'arriere-Fief, & qu'en suposant même cette réunion absoluë, elle n'a pû opérer le même effet sur les autres portions de cet arriere-Fief, qui n'ont jamais été possédées par les Seigneurs d'Antigny, la Dame Apellante se flatte d'établir solidement quatre propositions, qui lui paroissent décisives.

La premiere, qu'il n'y a jamais eu de véritable réunion au Fief dominant de la portion de l'arriere-Fief de Sivry venduë en 1529 à Girard de Vienne.

La seconde, que quand elle y auroit été réunie, elle auroit répris en 1589 sa qualité d'arriere-Fief.

La troisiéme, qu'en tout cas, la mouvance de cette portion de Sivry, auroit été prescrite contre le Roi.

Et la quatriéme, que quand la mouvance de cette portion de Sivry pourroit être adjugée à S. M. cela ne priveroit point le Seigneur d'Antigny, de la mouvance sur le reste de la même Terre.

Première Proposition.

Il n'y a jamais eu de véritable réunion au Fief do-
minant de la portion de Sivry venduë en 1529
~~1589~~ à Girard de Vienne.

1°. La réunion préſupoſe une déſunion, un démembrement, ou un détachement qui ſe ſoit fait autrefois de la maſſe d'un ſeul & même Domaine, pour en diſtraire une portion, & la faire paſſer ès mains d'une autre perſonne, que celle pardevers laquelle le ſurplus de la maſſe reſtoit & demeuroit.

Or dans le fait, Sivry n'a jamais été déſuni, démembré, ni détaché de la Baronie d'Antigny, puiſqu'il n'en a jamais fait partie; & par conſéquent on ne peut pas dire que la portion acquiſe par Girard de Vienne, ait été réunie.

2°. Ce qui fait la difficulté, que les premiers Juges ont trouvée dans cette queſtion, ne vient que de la confuſion que le Sieur Languet a affecté de faire du Droit nouveau, que quelques Coutumes ont introduit ſur cette matiere, avec l'ancienne Juriſprudence qui s'obſervoit ſur ce point dans tout le Royaume, & qui ne paroît pas avoir été changée en Bourgogne.

Suivant les régles de l'ancienne Juriſprudence, il n'y avoit ni union ni réunion ſans une déclaration préciſe & formelle; ſuivant les maximes de la nouvelle, il n'y a ni diſtinction, ni ſéparation ſans une déclaration ſpécifique, à la réſerve néanmoins des Coutumes, qui par des diſpoſitions particulieres, ont encore retenu quelque choſe de l'ancienne Juriſprudence.

Or ſur quoi le Sieur Languet établit-il, que la réunion dont il s'agit, s'eſt faite de plein droit? ſur le ſentiment de Pocquet de Livonière, qui l'a dit depuis peu en ſon Traité *des Fiefs, liv. 2, ch. 2, ſect. 1*, inſéré dans ſes *Régles du Droit François, pag. 155*, où il cite les Coutumes de Paris, d'Anjou & du Maine, qui y ſont expreſſes; comme encore M. Louet, *lettre F, ſomm. 5*, M. le Prêtre, *cent. 11, ch. 64*, & ſur quelques autres Auteurs pareils.

Mais il n'a garde d'ajouter ce que dit Brodeau ſur l'endroit cité de M. Louet au commencement; que cela ſe juge ainſi, *novâ quâdam Juriſprudentiâ; mais que cette queſtion avoit été autrefois réſolue au contraire, à ſçavoir que la réunion ne ſe faiſoit point de plein droit.*

C'eſt ce qu'atteſte encore Chopin *de Doman. lib. 1, tit. 6, n. 8,* où il obſerve que l'ancienne Juriſprudence étoit fondée ſur l'opinion des Docteurs, qui avoient traité la matiére des Fiefs, en ces termes: *Feudiſtici Juris Scriptores cenſuerunt, nec inferiorem quidem Feudum ſuperiori additum, cum eo conſolidari.* Il en cite un Arrêt conforme du Parlement de Paris, & ajoute: *noſtræ tamen ætatis moribus, diverſum obtinuit, &c.*

Le Sieur Languet ne diſconvient pas que Dumoulin n'ait condamné nettement la réunion de plein droit en pluſieurs endroits de ſes Œuvres, & ſurtout ſur le §. 13 de l'ancienne Coutume de Paris, (qui eſt le 20 de la nouvelle,) gl. 1 , n. 69. Les termes en ſont raportés dans le premier Mémoire, *page* 34.

Ce grand Juriſconſulte, dont l'autorité & le témoignage ne peuvent être que d'un très grand poids , ayant ſçû très parfaitement la Juriſprudence pratiquée dans le Royaume touchant l'union expreſſe ou tacite des Fiefs , §. 30 de l'ancienne Coutume de Paris & 43 de la nouvelle, n. 181 , dit encore préciſément que l'arriére-Fief, acquis par le Propriétaire du Fief , étoit tenu & poſſédé en la même qualité qu'il avoit eu auparavant l'acquiſition , & ſans qu'il y eût eu aucune confuſion. *Subfeudum non conſolidatur, nec incorporatur ipſo jure , ſed demum ſi Dominus velit , & de facto uniat & incorporet menſæ Feudi principalis æque principaliter , & in eadem qualitate uniformi.* Et peu après il ajoute. *Non continuo efficitur de Subfeudo Feudum , ſive pars homogenea , & æque principalis Feudi dominantis , niſi ſubſequatur incorporatio ; unde antequam fiat , remanet quantum ad hoc & qualitatis & juris diverſitas.*

Et parce que le concours en même perſonne , de l'action & de la paſſion, qui depuis a fait changer la Juriſprudence , ſembloit déja former une raiſon ſuffiſante de douter, il la réfute en un autre endroit en ces termes : (c'eſt au §. 13 de l'ancienne , & 20 de la nouvelle, gl. 1 , n. 69.) *Reſpondeo quod qualitates & relationes feudales magis ſunt reales quàm perſonales , & res ipſas propriè & non perſonas afficiunt ; unde,* pourſuit-il, *quandiu res dominans & res ſerviens remanent ſeparatæ & diſtinctæ , etiamſi ſpectent ad eamdem perſonam, non eſt inconveniens , quia non gerit utrumque extremum correlationis , reſpectu ejuſdem rei , ſed reſpectu diverſarum & ſeparatarum rerum , ſuper quibus propriè , & non ſuper perſonâ , illæ fundantur.*

Il ſupoſe même ce Droit comme général dans toute la France , car en ſon apoſtille ſur l'art. 260 de la Coutume de Vermandois , qui porte que le Fief acquis par le Seigneur dominant , *demeure toujours arriere-Fief pour le regard du Suzerain , comme il étoit auparavant , & qu'il le peut vendre , donner & aliéner :* il dit en un mot : *Hæc eſt communis regula.* Ce qui ſignifie que l'article eſt général pour les Coutumes qui n'en parlent point , ainſi que l'obſerve Legrand ſur la Coutume de Troyes , *art.* 27 , *gl.* 12 , *n.* 2 , en ces termes : *Le Seigneur féodal qui a réuni le Fief de ſon Vaſſal, n'eſt pas tenu de l'unir & incorporer à ſon Fief ; mais il le peut tenir ſéparément , ſi la Coutume n'en diſpoſe expreſſément au contraire , d'autant que les Fiefs ſont réduits entre nous à l'inſtar des autres patrimoines , & que chacun peut diſpoſer de ſon bien comme bon lui ſemble.*

On ne ſçauroit douter que tel fut l'uſage de Bourgogne en 1529 , puiſque l'union tacite n'étoit ni admiſe alors, ni pratiquée , ni connuë dans l'Etat; on ne croit pas , qu'il ſoit même poſſible de montrer qu'il ait été changé depuis ; or, en ſupoſant ce fait comme inconteſtable, il eſt évident que Girard de Vienne ne pouvoit pas penſer, que la portion de Sivry, qu'il avoit acquiſe , fût réunie à ſon Fief dominant.

En effet , que falloit-il alors pour opérer cette réunion? Brodeau nous l'aprend au lieu cité , *lettre F. n.* 5 , au commencement où il dit : que *la déclaration du Seigneur du Fief acquereur , étoit néceſſairement requiſe pour cet effet ; ou bien il falloit qu'il en eût prêté les foi & hommage , & compris les choſes acquiſes en l'a-veu baillé au Seigneur ſupérieur.* Guéret , ſur l'endroit cité de M. Leprêtre , *cent.* 2 , *n.* 64 , attelle la même choſe , & ces Auteurs citent pluſieurs Coutumes qui ont retenu expreſſément cet ancien uſage.

Puis donc que Girard de Vienne n'a rien fait de tout ce qui pouvoit opérer alors la réunion , on ne peut raiſonnablement dire qu'elle ait été faite ; car pouvoit-il prévoir que 40 ou 50 ans après il plairoit au Parlement de Paris , & aux Rédacteurs de quelques Coutumes de ſon reſſort , de changer ſur ce point l'ancien Droit ? pouvoit-il même , quand il l'auroit prévû , s'imaginer qu'il vien-droit un jour quelque Officier de Juſtice , aſſés peu inſtruit des ré-gles , pour prétendre que la Juriſprudence nouvelle , introduite par la réformation de la Coutume de Paris en 1580 , & de quel-ques autres à ſon exemple , doit faire Loi en Bourgogne , & y changer les anciennes maximes, dans leſquelles nous avons été nourris ?

C'eſt donc une illuſion de croire que le Fief de Sivry ſoit de-venu de la même nature & de la même qualité que la Baronie d'Antigny , parce que le Seigneur de ce Fief dominant ſeroit deve-nu Seigneur d'une petite portion de cet arriere-Fief.

Cette obſervation , ſur la diſtinction qu'on doit faire de l'an-cienne & de la nouvelle Juriſprudence , renverſe de fond en com-ble toutes les autorités qu'a citées le Sieur Languet ; car les Au-teurs , ſur leſquels il ſe fonde , ont écrit dans l'eſprit de la Juriſpru-dence nouvelle , ſans révoquer en doute l'ancien uſage , qui eſt celui , dont il s'agit ; & la même réponſe détruit pareillement tou-tes les conſéquences , qu'il voudroit tirer de quelques Arrêts du Parlement de Paris , qu'il allègue.

Dailleurs , il n'y en a aucun , qui ſoit aplicable à notre hypotè-ſe ; dans l'eſpèce de celui qu'a raporté Bacquet des droits de Juſ-tice , *ch.* 14, *n.* 10 *& ſuiv.* où il n'en marque point la datte , non-ſeulement l'arriere-Fief acquis par le Seigneur dominant , avoit été aliéné depuis ſans réſerve de la mouvance ; mais il y avoit de plus une preuve tacite , que ce Seigneur s'en étoit départi ; car depuis cette aliénation , *le Seigneur dominant , ni ſes prédéceſſeurs n'avoient jamais été ſervis , ni reconnus dudit Fief,* ſuivant les ter-mes de Bacquet lui même. C'étoit une conjecture très forte du département de la mouvance ; or , notre eſpèce en fournit une toute contraire , puiſque les Seigneurs d'Antigny ont été perpétuel-lement reconnus pour Seigneurs dominants de toutes les portions de Sivry , même depuis l'année 1589 , comme il eſt conſtant au procès.

L'Arrêt du 18 Juillet 1654 , tiré du Journal des Audiances , *tom.* 1 , *liv.* 8 , *chap.* 1 , eſt encore plus mal apliqué. Car il s'y agiſſoit d'un Fief incorporé dans un Duché , & aliéné depuis à la charge du Fief ; or , c'eſt une régle particulière , atteſtée par tous les Juriſconſultes , & entre autres par Pocquet de Livonière , l'Au-teur favori du Sieur Languet , en ſes régles du Droit François , *pag.* 147 , que *les Fiefs de dignité , comme Duchés , Marquiſats , Com-*

tés, Baronnies, sont indivisibles sans lettres patentes, & impartageables. Le Sieur Languet auroit même pû aprendre par le Journaliste, qu'il cite, que ce fut le motif de la décision : on en a raporté le texte *page* 37 du premier Mémoire pour feu Mr. d'Antigny. D'ailleurs les termes de l'Arrêt auroient dû lui faire apercevoir, qu'en ce cas l'aliénation du Fief aliéné doit être annullée. D'où il suit, que s'il veut être jugé suivant cette Jurisprudence, il faut qu'il consente, que la vente de partie du Fief de Sivry faite en 1589, soit rescindée, & en conséquence qu'il remette la chose venduë à la Dame d'Antigny, en lui restituant le prix porté par cet acte. C'est sur quoi on l'interpelle de s'expliquer.

A l'égard des trois Arrêts, cités par Pocquet de Livoniere, en ses additions aux Commentaires de Dupineau sur la Coutume d'Anjou, *tom.* 2, *pag.* 1211, comment le Sieur Languet, qui les opose *pag.* 24 de son Factum, ne s'est-il pas apperçû, qu'ils avoient été rendus dans cette Coutume, qui en a des dispositions expresses aux art. 207 & 209, comme l'observe Pocquet lui-même ? pour donner quelque poids dans notre espèce à ces décisions, il faudroit quelles eussent été données dans quelque Coutume, où cette Jurisprudence, comme dans la nôtre, n'eût point été fixée ; mais c'est à quoi le Sieur Languet n'a pû jusqu'à présent réussir, & à quoi il ne réussira pas.

En vain s'est-il efforcé, *pages* 30, 31 & 32, de combattre l'ancienne Jurisprudence, & de montrer que la Jurisprudence nouvelle du Parlement de Paris est préférable à l'ancienne. En vain a-t-il raporté ce qu'en a écrit Argentré, sur l'ancienne Coutume de Bretagne, *art.* 340, où cet Auteur à son ordinaire contredit Dumoulin de toutes ses forces.

S'il étoit question d'entrer ici dans cette discussion, il ne seroit pas difficile de faire voir, que les excellentes raisons de Dumoulin l'emportent sur les vaines subtilités d'Argentré, *qui s'est plû à contrepointer Dumoulin, bien souvent plus par jalousie & émulation, que par raison*, comme le dit Brodeau sur la Coutume de Paris, *art.* 141, *n.* 3, *n'étant pas versé & instruit comme lui, dans la doctrine du Droit François, les maximes du Palais, & les décisions des Arrêts*, & dans les écrits duquel, suivant la remarque de Bretonnier, sur Henrys, *tom.* 2, *liv.* 6, *quest.* 1 ; *on voit régner un esprit de jalousie contre tous les Auteurs, surtout contre Dumoulin, qu'il contredit toujours, & souvent mal à propos.*

Mais il ne s'agit ici que du fait, sçavoir quel étoit l'usage des Tribunaux en 1529, sur le point contesté. Or on ose assurer, qu'il n'y a pas le moindre doute, que le sentiment de Dumoulin ne fût conforme à la Jurisprudence générale de ce tems-là. D'où il suit que la portion de Fief acquise par Girard de Vienne, n'ayant jamais été réunie à celui d'Antigny, ni expressément ni tacitement, il a toujours dépendu du même Seigneur & de ses successeurs, de lui conserver la qualité d'arrière-Fief. Ce seul point suffiroit pour la décision de ce procès, mais on va plus loin.

Seconde Propofitior

*Quand le Fief acquis en 1529 auroit été vraiment réuni
à la Seigneurie d'Antigny, il auroit repris en
1589, fa qualité d'arriére-Fief.*

Le Sieur Languet, qui s'eft fait une habitude de donner fes idées
pour des maximes certaines, avance avec une confiance qui ne peut
fraper que les ignorans, que lorfqu'une Terre reléve du Roi, ou d'un
autre Seigneur, aucun Vaffal en l'aliénant, en tout ou en partie, ne
peut fe réferver la mouvance de la chofe aliénée, ni empêcher que
le tout ne reléve du Seigneur dominant immédiatement.

Or on lui foutient que cette propofition eft fauffe en général, &
infoutenable dans le cas particulier.

Elle eft fauffe en général, parce qu'il eft certain en Droit, que
tout Vaffal peut librement fous-inféoder partie de fon Fief. C'eft l'avis
de tous nos Jurifconfultes, parmi lefquels on choifira feulement les
principaux, pour ne point fatiguer la Cour.

Dumoulin fur *l'art.* 35 de la Coutume ancienne de Paris, qui eft
le 51 de la nouvelle, propofe au n. 16 & fuiv. la queftion, fi un Vaffal peut aliéner une portion de fon Fief, à la charge de relever de
lui ? *Quintò quæro, Vaffallus poffidens Feudum, fubinfeudavit in fub-
feudum, utrùm valeat hujufmodi contractus & conceffio.* Sur quoi il
réfout, qu'il le peut fans difficulté, tant par le droit des Fiefs, que
par la Coutume. *Et videtur quod fic, five de Jure, & fecundum an-
tiquos ufus Feudorum, five de Confuetudine.* Et après s'être formé l'objection, qu'il femble que ce foit un démembrement du Fief, il conclut que cette efpèce de démembrement eft licite, *Feuda funt patri-
monialia, & licet Vaffallo quidquid libuerit difponere de Feudo, etiam
inconfulto & invito Patrono, & abfque eo quod Patronus conqueri,
vel aliquod emolumentum petere poffit.* Et nous donne enfuite cette
régle : *Feudum vel in totum, vel in parte fubinfeudari poteft à Vaffallo, Domino irrequifito & non confentiente.*

Loifeau, des Seigneuries, *ch.* 6, *n.* 22 & *fuiv.* après avoir agité
la même queftion, la décide en ces termes. *Je dis donc qu'en France
où les Fiefs font patrimoniaux, les Vaffaux immédiats de la Couronne
peuvent, à plus forte raifon qu'au droit des Lombards, fous-inféoder
partie de leur Domaine. Ce que j'entends à l'égard du Roi même, & à
fon préjudice.*

Ferrieres, fur l'art. 51 de la Cout. de Paris, gl. 1, n. 55 & fuiv.
après avoir raporté le fentiment de Brodeau, qui paroiffoit y faire
de la difficulté, le réfute par de bonnes raifons, & non-feulement par
l'autorité des autres Commentateurs de cette Coutume, mais enco e
par un Jugement folemnel des Commiffaires députés par le Roi, lequel eft auffi raporté par Bacquet, *de l'amortiffement, ch.* 62, où il
dit, qu'il y a eu plufieurs Arrêts donnés en cas pareil.

Argentré lui-même, fur la Cout. de Bretagne, §. 340, gl. 2, n. 4,
après avoir foutenu, comme l'a obfervé le Sieur Languet, que le
Fief fervant étant acquis par le Seigneur du Fief dominant, lui eft

D

réuni de plein droit, *per acquifitionem Feudi fervientis, fit confufio ipfo jure*, ne laiffe pas d'avoüer que le Seigneur dominant peut le fous-inféoder de nouveau : *etfi non negandum, quin Dominus talia fic ad fe reverfa rursùs eâdem lege, cum fuis juribus & Vaffallis, reinfeodare poffit.*

Enfin Pocquet de Livonière, en fes Régles du Droit François, *pag.* 150, convient que dans la Coutume même de Paris, le Vaffal peut démembrer les deux tiers de fon Fief, *pourvû qu'il fe réferve la mouvance fur ce qui eft aliéné.* Il cite Loyfel tit. *des Fiefs, reg.* 90, & les Arrêtés de Mr. de Lamoignon, *tit.* 16, *art.* 4; & c'eft auffi l'avis de Carondas, *liv.* 2. *refp.* 6, & d'une infinité d'autres.

Il y a encore moins de difficulté fur ce point, dans notre Province, où l'ancien Droit des Fiefs eft fuivi, en ce qui n'a pas été changé par la Coutume. Auffi Chaffeneuz, fur le *tit.* 3, §. 8, *verb. en alienation, n.* 26, le décide nettement. *Et de dubio numquid poteft Vaffallus, fine licentiâ Domini, alium de Feudo infeudare ? doctrina Doctorum communiter approbata, eft quod fic.* Et Dumoulin, en fes obfervations fur fon Commentaire, pareilles à celles qu'il a faites fur quelques livres d'Alexandre, & de Decius, qui ont été données au Public à la fin du tome fecond des Œuvres de ce grand Jurifconfulte, de l'édition de 1681, a confirmé la décifion de Chaffeneuz, en ces termes, qui font bien remarquables: *Et eft verum, five de toto, five de parte, five in quotâ, five in re particulari, nec dicitur ex hoc difmembrare Feudum; quia femper remanet Vaffallus, pro toto Feudo, &c.* De là fans doute, un fi grand nombre d'arriéres-Fiefs anciens qu'il faudroit anéantir, fi la propofition du Sieur Languet étoit admiffible.

A quoi aboutira donc toute cette dépenfe de doctrine qu'il a faite, pour établir fon paradoxe? ce qui vient d'être dit fuffiroit pour le renverfer. Mais, comme on s'eft propofé de le forcer dans tous fes retranchements, il faut le fuivre dans fes preuves.

Il cite en premier lieu, l'Ordonnance du Roi Philippe-Augufte, du premier Mai 1209, qui a été inférée au nouveau Recueil des anciennes Ordonnances, que nous a donné Eufébe Laurière, *tom.* 1, *p.* 29, & qui fut faite pour abolir l'ufage qui étoit auparavant obfervé, qu'en fait de partage entre cohéritiers, les cadets relevoient de l'aîné, ce qui s'apelloit *tenir en parage.* Sur quoi il fut ordonné que deformais ils releveroient tous également du Seigneur dominant. Mais on va voir que cette autorité, qui a fi fort frapé le Procureur du Roi en premiére inftance, n'a fervi qu'à groffir inutilement le procès.

1°. Il n'y étoit queftion, que de partage entre des codétenteurs d'un Fief : *fi contigerit, per fucceffionem hæredum, vel quocumque alio modo DIVISIONEM ibi fieri :* Or il n'eft point ici queftion de partage. On l'a déja fait voir dans le premier Mémoire, *pag.* 39 *& fuiv.* ainfi on n'en dira pas davantage fur cela, & on renvoye à ce qui y a été dit.

2°. Laurière, éditeur de ces Ordonnances, nous aprend tant en fa note fur celle-ci, qu'en fa Préface du premier volume où elle eft renfermée, *n.* 119 & fuiv. ainfi que Bruffel dans fon Traité *de l'an-*

cien Ufage des Fiefs, liv. 2, ch. 23, qu'elle ne fut point générale, & qu'elle fut uniquement faite pour les Domaines, que poffédoit alors Philippe-Augufte ; en forte qu'elle ne fut obfervée, que dans quelques Provinces du Royaume. Or elle ne l'a jamais été en Bourgogne. Si le Duc Eudes, qui en étoit maître alors, eft dénommé dans cette Ordonnance, ce n'eft que parce qu'il fe trouva au Confeil du Roi, comme Prince du Sang. Mais ce n'eft pas à dire, qu'il l'acceptât pour Loi dans fes Etats. Loin de-là, il ne feroit pas difficile de faire voir, s'il étoit néceffaire, que jufques à la rédaction de notre Coutume, faite en 1459, & qui a changé fur ce point l'ancien Ufage, les cadets relevoient de l'aîné pour les portions de Fief, qui étoient tombées dans leur lot. Auffi l'art. 7 du tit. des Fiefs de notre Coutume, qui a fait ce changement, ne parle-t-il que *de partage & divifion de chofe féodale.* Ainfi il n'eft pas plus aplicable à la queftion, que l'Ordonnance de 1209.

Le Sieur Languet opofe en fecond lieu, une prétendue Ordonnance du Roi Philippe le Bel, qui fe trouve dans l'ancien ftile du Parlement de Paris, inféré dans les œuvres de Dumoulin, *part.* 3, *tit.* 34, §. 1, à la date de l'an 1304.

Mais, 1°. On peut bien regarder cette Ordonnance comme étant fauffe, puifqu'elle a été rejettée du Recueil des anciennes Ordonnances, depuis peu imprimé au Louvre, où elle ne fe trouve point parmi celles de Philippe le Bel, non plus que dans aucune autre compilation des Ordonnances, qui s'obfervent dans ce Royaume. *Il ne faudra pas toujours mettre au nombre des Ordonnances qui manqueront dans ce Recueil,* dit le Continuateur de l'édition, dans fa Préface qui eft à la fin du troifiéme tome, *pag.* 15, *telles que l'on y cherchera vainement, après les avoir trouvé citées dans des livres. La vérification que j'ai faite de plufieurs de ces citations, m'a fait connoître qu'elles font fouvent, ou entierement fauffes, ou du moins défectueufes.* Telle étoit celle de Philippe le Bel, que l'Editeur de ces Ordonnances n'a point inférée dans fon Recueil, comme on l'a déja obfervé.

2°. Quand elle feroit vraie, il paroît qu'elle ne concerne que les aliénations faites par les donataires des Fiefs du Domaine du Roi, *qui tenent à Nobis vel ex dono noftro;* où les fous-inféodations faites à des perfonnes inhabiles: *ad retrò-Feudum reducunt, & transferunt ad perfonas inhabiles.* Ce qui n'a aucun raport à l'efpece de ce procès.

3°. Il eft conftant qu'ayant été faite du tems que la Bourgogne étoit gouvernée par fes Ducs, elle ne pouvoit fans leur confentement y être reçue, ni obfervée, fuivant la remarque de Lauriére fur celle de 1209. Ainfi n'y ayant jamais été reconnue, c'eft fort inutilement qu'on l'allégue.

C'eft encore avec moins de fondement que le Sieur Languet veut fe prévaloir, en troifiéme lieu, de l'art. 41 de l'Ordonnance de 1536, qui fe trouve au tome premier du nouveau Néron, pag. 10; car il n'y eft queftion, que de révoquer les donations immenfes & fans bornes, qui avoient été faites des Terres du Domaine du Roi. Or on ne voit pas comment cela peut venir au procès.

Refte la prétendue Ordonnance du Roi Louis XI. que cite en dernier lieu le Sieur Languet, & qu'il a tirée du Commentaire de François Launay , fur les Inftitutes Coutumiéres de Loyfel , *liv.* 1 , *tit.* 1 , *regl.* 4 , qui femble condamner toutes *les réfervations d'hommages faites au préjudice de l'Ordonnance de Philippe-Augufte , & qui veut que les parts & portions des Seigneuries relevans en plein Fief du Roi, lui rendent foi & hommage d'icelles.* Sur quoi il eft bon de faire quelques obfervations.

1°. Où Launay a-t-il pris cette Ordonnance ? on n'en fçait rien. Il ne le dit pas , & n'en marque pas même la datte ; le Sieur Languet ne le dira pas non plus , ni ne l'indiquera pas ; puifqu'en effet elle ne fe trouve dans aucune compilation , foit de Fontanon, Mr. Briffon , ou autres : on ne la trouve pas même dans la table chronologique des mêmes Ordonnances, tant imprimées que manuf-crites, dreffée avec tant de foin par Guillaume Blanchard , & im-primée en 1688: c'eft donc une piéce qui ne mérite aucune créance.

2°. Quand cette Ordonnance feroit véritablement de Loüis XI. cela fuffiroit-il encore pour qu'elle fît Loi ? ne faudroit-il pas de plus qu'elle eût été enregiftrée au Greffe des Cours ? or , Launay ne dit pas qu'elle ait été jamais enregiftrée ; non pas même au Parlement de Paris.

3°. Ou elle a été faite avant la réunion du Duché de Bourgo-gne à la Couronne , ou après ; car étant fans date , on n'en peut rien affurer ; fi elle a été faite avant la réunion , elle n'a pû faire Loi , ni fa difpofition s'étendre à la Province , ainfi qu'on l'a déja remarqué à l'occafion des autres Ordonnances. Si elle eft pof-térieure à la réunion , comme elle n'a jamais été , ni envoyée , ni enrégiftrée à la Cour , c'eft à notre égard la même chofe , que fi elle n'avoit jamais exifté.

Au fond, le texte même de cette Ordonnance n'eft pas auffi favorable au Sieur Languet , qu'il fe l'eft perfuadé. Car quoique dans le préambule, le Roi paroiffe blâmer l'ufage de fes Vaffaux, qui vendant une partie de leurs Fiefs , fe réfervoient l'hommage de cette partie venduë , néanmoins il ne touche point à cet ufa-ge dans le difpofitif , qui forme la véritable décifion de la Loi ; il ne dit point , ni qu'il eft abufif , ni qu'il le faut réformer , il y annulle feulement, *toutes les réfervations d'hommages faites au préju-dice de l'Ordonnance* de 1209 ; or , cette Ordonnance ne condam-noit que les conftitutions d'arriéres-Fiefs en parage , comme on l'a déja dit ci-deffus , & comme on l'a montré plus au long au pre-mier Mémoire imprimé , p. 50 *& fuiv.*

Quoiqu'il en foit , ce que nous avons de meilleurs Ecrivains depuis Loüis XI. n'ont fait aucune difficulté de nous donner pour principe , que tout Vaffal, à l'exception des poffeffeurs des Fiefs de grande dignité , en pouvoit démembier au moins le tiers , pour les fous-inféoder.

Aux Auteurs, qu'on a ci-devant cité , on ajoutera Billecoq , qui fit imprimer en 1729 , *un traité des principes du Droit François fur les Fiefs ,* & qui certainement ne fera pas défavoué du Sieur Lan-guet. Cet Auteur à la page 390 , donne pour conftant , que *le Vaf-fal peut bailler une partie de fon Fief en arriere-Fief,* & montre que cela ne fait aucun tort au Roi , parce que celui qui a conftitué l'arriere-Fief, *demeure toujours fon Vaffal, pour la totalité du Fief.*

Si quelques Commentateurs des Coutumes ont dit le contraire, ç'a été fans contredit dans l'efprit de leurs Coutumes, dont quelqu'unes ont fur ce point des difpofitions qui leurs font particulieres & différentes des autres; de ce nombre font Coquille fur la Coutume de Nivernois, chap 3, art. 30 & ailleurs; & Béraud fur l'art. 204 de celle de Normandie, qu'a cités le Sieur Languet; mais ces Loix étrangeres, qui ne font que des exceptions à la régle générale, ne peuvent être d'aucune confidération hors de leur reffort; puifqu'elles n'établiffent qu'un droit local & fpécifique à chaque Province, qui l'a introduite, & s'y eft foumife.

Le Sieur Languet, deftitué du fecours des Auteurs, a voulu employer celui de deux Arrêts du Parlement de Paris, l'un du 12 Mars 1647, raporté par Ricard fur l'art. 51 de la Coutume de Paris, l'autre du 5 Septembre 1695, qu'il a produit en forme; lefquels, dit-il, *décident la queftion conformément aux Ordonnances:* mais il n'a pas été plus heureux dans cette découverte que dans les autres. Page 45 de fon Factum

L'Arrêt de 1647 eft dans le cas, où on avoit vendu la totalité du Fief fervant, fitué dans la Coutume de Paris, en retenant feulement la mouvance, c'eft à dire, *un Fief en l'air,* comme parlent les Coutumiers. Cela fut condamné avec juftice par les raifons, qu'en donnent Dumoulin, & les autres Commentateurs de la même Coutume, qu'on a raportés dans le premier Mémoire imprimé, pag. 54; or on demande, quel raport a cette hypotéfe avec celle-ci?

Dans l'efpéce de l'Arrêt de 1695, le Comte de Brienne avoit vendu quatre Fiefs dépendans de ce Comté, avec réferve de la mouvance; cela fut impugné par Mr. le Procureur Général au Parlement de Paris, à l'égard de trois de ces Fiefs feulement, *attendu qu'ils faifoient originairement partie du corps du Comté de Brienne :* ce font les termes dont il fe fervit dans fes Conclufions; pour le quatriéme, qui n'étoit pas dans le même cas, il s'en remit à la prudence de la Cour; fur cela l'Arrêt ordonna, que les trois Fiefs revendiqués par les Gens du Roi, *comme ayant fait partie du Comté de Brienne, & comme ayant été compris dans les anciens aveux dudit Comté,* releveroient en plein Fief du Roi, à caufe de fon Comté de Chaumont en Baffigny, & que la vente tiendroit à l'égard du quatriéme.

Or, qu'a jugé cet Arrêt? qu'il n'avoit pas été permis au Comte de Brienne d'aliéner ce grand nombre de Terres, qui faifoient aparement plus des deux tiers de fa Seigneurie, contre la difpofition de la Coutume, & furtout d'en démembrer des portions, qui avoient fait de toute ancienneté *partie du Corps de ce Comté.* Circonftance qu'on ne remarque pas dans ce Procès. Mais il décida en même tems, que ce Seigneur avoit pû remettre légitimement un autre Fief en nature d'arriere-Fief, comme il l'avoit été auparavant; or en cela le Sieur Languet a fourni lui-même à la Dame d'Antigny une décifion victorieufe; puifque Sivry fe trouve dans le même cas, que celui de ce dernier-Fief.

E

Il eſt donc certain én Droit, que quand on ſupoſeroit que la portion de Sivry, acquiſe en 1529 par Girard de Vienne, auroit été réunie à la Seigneurie d'Antigny, il lui auroit été libre, ou à ſes ſucceſſeurs, de la donner encore en arriere-Fief. Il ne reſte plus que deux choſes à faire voir ; l'une, que l'héritier de Girard de Vienne a uſé de cette liberté ; l'autre, que quand ce fait ne ſeroit pas ſuffiſamment prouvé, il devroit être préſumé par ce qui s'eſt paſſé pendant plus d'un ſiécle.

On dit donc que Girard de Vienne, en aliénant en 1589 au profit de Jean Brouhot, ce qui lui apartenoit dans Sivry, ſe ré-ſerva la mouvance ; & on ne croit pas que le Sieur Languet ait droit de le nier. Car ce fait fut avancé neuf ans après par Jean Brouhot, dans un tems où il étoit en procès avec le Seigneur d'Antigny, & où certainement il étoit très éloigné de lui rien paſſer, qui ne fût bien établi : cet aveu ſe trouve dans le compro-mis du 29 Aout 1598 , produit ſous cotte 11 ; la Cour aura la bonté d'en faire lecture, & d'y donner ſon attention.

On dira peut-être que cette réſerve ne ſe trouve pas dans l'acte même de la vente. Cette objection ſeroit de quelque poids, ſi la vente de 1589 avoit été incommutable. Mais il faut ſe rapeller, ce qu'on a obſervé dans le fait, que le vendeur s'y étoit réſervé une fa-culté de rachat pendant 6 ans. Or ne ſçauroit douter, que dans cet intervale il n'y ait eu quelqu'autre acte paſſé entre les Parties, par lequel le vendeur, peut-être en ſe départant de la clauſe de ra-chat, ſe ſeroit réſervé la mouvance. Cette conjecture n'eſt point ſans fondement ; car ſans cela, comment peut-on concevoir, non-ſeulement que Jean Brouhot eût repris de Fief de cette acquiſition, mais encore qu'il fût convenu lui-même peu après, que ce Fief lui avoit été vendu *chargé de Fief* envers le Seigneur d'Antigny ?

Si la Dame Apellante ne repréſente point cet acte, c'eſt qu'il s'eſt perdu, avec une infinité d'autres, par la négligence de ſes auteurs. Mais n'eſt-il pas ſuffiſamment remplacé par l'aveu de Jean Brouhot ? aveu, fait par celui, qui pouvoit le mieux ſçavoir comment les choſes s'étoient paſſées, & fait dans des circonſtances, qui en mettent la ſincé-rité hors de tout ſoupçon, puiſqu'il étoit en procès avec ſon Sei-gneur. Aveu d'un fait d'autant plus vrai-ſemblable, que le même Brouhot poſſédoit déja le reſte de Sivry en arriere-Fief, ainſi qu'il eſt juſtifié au procès. Aveu d'ailleurs, qui a lié tous ceux qui ont eu droit de lui, du nombre deſquels eſt le Sieur Languet, qui par conſéquent n'eſt pas recevable à ſoutenir le contraire, comme on l'a établi plus au long dans la Requête du 2 Juillet. Aveu enfin, qui ſe trouve fortifié par une tranſaction ſur procès, paſſée en 1619, & par une ſuite de ſeize actes conſécutifs de devoirs de Fief au profit des Seigneurs d'Antigny.

On va plus loin. Quand même la réſerve de la mouvance n'auroit point été faite par la vente, elle y ſeroit ſous-entenduë de droit. Ceci n'eſt point un paradoxe. C'eſt la doctrine de nos meilleurs Au-teurs, entre autres de Dumoulin, qui ſur l'ancienne Coutume de Paris, §. 13 (c'eſt le 20 de la nouvelle) *gl.* 1, *n.* 62, s'en explique en cette ſorte : *Hæc feudalitas ipſo jure revivifcit, etiamſi non dica-*

Cotte 13.

tur, nec de novo conſtituatur. Et cela, ajoute-t-il, quia iſta feudalitas,
cum ſit directum Dominium, magis conſiſtit in proprietate, & ſubſtan-
tia rei vendita, & revendita, & magis eſt pars eſſentialis Dominii
rei, & ſic ipſo jure revenditur & reviviſcit, quia etiam medio tempore
magis fuit adumbrata, & ſopita, quàm extincta.

Brodeau, ſur M. Louet, *lett. F, ſomm. 5, n. 21*, établit les
mêmes principes, comme on l'a déja obſervé dans le premier Mémoire, *pag.* 37. Car après avoir ſoutenu, ſuivant la nouvelle Juriſprudence du Parlement de Paris, que la réunion du Fief ſervant au
dominant ſe fait de plein droit, il obſerve que *cela n'eſt pourtant*
pas perpetuel; parce que ce n'eſt point une mort de l'action, ni une ex-
tinction & aneantiſſement de l'obligation, mais un ſimple endormiſſe-
ment, facile à rompre & à ſe diſſoudre. L'action demeure comme en ſuſ-
pens, tant & ſi longuement, que la cauſe de la confuſion dure, laquelle
venant à ceſſer, l'effet ceſſe pareillement. Les choſes reprennent leur pre-
miere nature, & ſe rétabliſſent à leur premiere forme & etat: de ma-
niere que, &c.

Si donc ce rétabliſſement de l'arriére-Fief ſe fait de plein droit,
ſans aucune autre circonſtance, que ſa ſimple ſéparation du Fief dominant, à plus forte raiſon doit-on dire, que la même choſe s'eſt
faite pour l'arriere-Fief de Sivry, lorſqu'on voit que l'acheteur a reconnu l'avoir acquis à cette condition, qu'il en a repris de Fief en
conſéquence, que tous ſes ſucceſſeurs en ont fait de même, & qu'enfin les Seigneurs dominants ont compris cette mouvance dans leurs
dénombrements; comme ont fait les Seigneurs d'Antigny.

Au reſte, ſi la Dame Apellante s'eſt prévalué de la tranſaction de
1619, ce n'eſt pas pour en tirer une fin de non-recevoir contre Mr.
le Procureur Général, ſupoſé qu'il veüille ſoutenir le Jugement dont
eſt apel; ce qu'elle n'eſtime pas, puiſqu'il n'y étoit pas Partie. Tant
qu'il ne le fera pas cependant, on eſt en droit de dire que cet acte
ferme la bouche au Sieur Languet, qui ne ſçauroit revenir contre
le fait de ſon auteur; *quod ipſis qui contraxerunt obſtat, & ſucceſ-*
ſoribus eorum obſtabit, dit une Régle de Droit.

A l'égard de Mr. le Procureur Général, la Dame Apellante eſt trop
perſuadée de ſon équité, pour croire qu'il veüille impugner un traité
paſſé à grande connoiſſance de cauſe, & ſoutenu par des titres ſi lé-
gitimes, ſi anciens, ſi authentiques. Néanmoins s'il en prenoit la
penſée, toujours ſeroit-elle bien fondée à ſoutenir, que ſi cet acte
ne forme pas une fin de non-recevoir à l'égard du Roi, il aſſure
du moins le fait, dont il s'agit; ſçavoir que dans tous les tems
Brouhot & ſes enfants ont reconnu de bonne foi, qu'ils n'avoient
acquis la portion de Sivry, qui leur fut venduë en 1589, qu'à la
charge de la mouvance au Château d'Antigny; or, ſi elle a été
aliénée à cette condition, & ſi elle a pû l'être, comme on n'en
peut douter, après ce qui vient d'être obſervé, qu'y auroit-il de
plus injuſte, que de confirmer ſur ce point la Sentence dont eſt
apel? Paſſons à la troiſiéme propoſition.

Troifiéme Propofition.

La mouvance de la portion de Sivry, venduë en 1589,
a pû être prefcrite contre le Roi.

On fe flate d'avoir montré avec évidence ; que les Seigneurs
d'Antigny font fondés en de bons titres ; pour la mouvance de
la portion de Sivry venduë en 1589 : mais fupofons pour un mo-
ment, qu'ils n'ayent pour eux que la poffeffion ; on foutient qu'elle
eft de telle nature, qu'elle vaut pour eux autant qu'un titre ; même
contre le Roi. La preuve n'en fera pas difficile à faire.

On convient que le Domaine du Roi eft imprefcriptible ; mais
les Auteurs les plus favorables à cette imprefcriptibilité, s'accordent
à en excepter les biens & droits, qui, quoiqu'acquis à S. M., ne
font pourtant pas encore incorporés en fon Domaine ; *quæ fifco*
quidem delata funt, fed nondum agnita, comme dit Mr. l'Avocat
Général Lebret, en fon Traité *de la Souveraineté du Roi, liv. 3,*
ch. 2, & c'eft la premiere exception qu'il aporte à cette maxime,
que *le Domaine du Roi n'eft pas fujet à prefcription*. La raifon
qu'il en donne, *c'eft que comme ces biens & droits, peuvent s'alié-*
ner, ils font auffi fujets aux prefcriptions ordinaires. Cet aveu de
la part d'un Magiftrat auffi éclairé, & auffi zélé pour les interêts
du Roi, met cette maxime hors de doute.

Chopin l'avoit déja enfeignée en fon Traité *de Doman. lib. 3, tit.*
9, n. 7, de même que Bacquet, *du droit de deshérence, ch. 7, n. 18*,
& Mornac, *in Auth. Quas actiones ; Cod. de facrof. Ecclef.* où il dit
que *patrimonium Cæfaris, & bona nondum applicata fifco, præfcribun-*
tur, per quadraginta annos.

Brodeau fur la Coutume de Paris, *art. 12, n. 11*, dit auffi que
les biens acquis au Roi, qui ne font, ni unis, ni incorporez au Do-
maine, ni paffez en recette & tirez en ligne de compte en la Chambre,
fe prefcrivent, par les tiers poffeffeurs de bonne foi, par trente ans. Il en
cite un Arrêt, & il ajoûte que *Mrs. les Gens du Roi, font fouvent*
demeurez d'accord de cette maxime au Parquet, & dans les Audiences.
En un mot, on ne croit pas qu'il y ait un feul Auteur, qui ait avancé
le contraire.

Le fondement de cette doctrine, fe tire de la définition du
Domaine du Roi, qu'on trouve dans la Déclaration même, qui
fut donnée fur cette matiére au mois de Février 1566 ; en voici
les termes : *Le Domaine de nôtre Couronne eft entendu telui, qui eft*
expreffément confacré, uni & incorporé à nôtre Couronne, ou qui a
été tenu & adminiftré par nos Receveurs & Officiers, par l'efpace de
dix ans, & eft entré en ligne de compte.

C'eft donc là le feul véritable Domaine du Roi, qui eft inaliénable, & par conféquent imprefcriptible. Car à l'égard des autres profits féodaux, échutes, confifcations, &c. qui peuvent arri-
ver au Roi, comme S. M. en peut faire des liberalités, & les
aliéner à fon gré, nul doute qu'ils ne puiffent être prefcrits.

Or, comment feroit-on voir que la mouvance, dont il s'agit,

ait été unie & incorporée au Domaine, soit expressément, soit tacitement, par une joüissance de dix années, puisque le Roi n'en a pas même joüi un seul instant?

C'est donc bien inutilement, que le Sieur Languet a fait imprimer en entier l'Ordonnance de 1539, pour établir l'imprescriptibilité absolüe du Domaine, car par son propre texte, il est marqué, qu'il n'y est question que du véritable patrimoine de la Couronne de France, qui *par la Loi du Royaume est inaliénable*, *par quelque espèce ou maniere que ce soit.* Page 33 de son Factum.

Dailleurs, quand il s'agiroit ici de ce vrai Domaine *réputé sacré*; il seroit aisé de faire voir, qu'encore que par le dernier article de cette Ordonnance, il soit deffendu au Juge d'avoir égard à quelque prescription qu' ce soit, même de cent ans pour ce regard; cela n'a jamais été néanmoins expliqué, ni exécuté à la rigueur contre les possesseurs de bonne foi. C'est un fait attesté par tous ceux qui ont écrit depuis cette Ordonnance.

Bacquet du droit de deshérence, ch. 7, n. 7, 8, tout porté qu'il fût pour les droits du fisc; nous aprend que cet Edit n'avoit jamais été suivi, *neque in consulendo neque in judicando*, en ce qui regardoit la prescription centenaire & immémoriale, & il en raporte des Arrêts, & dit que *quand un Seigneur n'a titres valables pour se deffendre contre un Procureur du Roi, le plus sûr est qu'il allégue possession centenaire & immémoriale, l'articule & la vérifie bien düement, qu'en ce faisant, il reculera bien fort un Procureur du Roi, & le mettra bien loin de ses desseins.*

Guenois atteste la même chose en sa Conférence des Ordonnances, liv. 10, tit. 1; §. 13 & Chopin, *de Doman,* lib. 3, tit. 9, n. 3, dit à ce sujet; que par les termes mêmes de l'Ordonnance, la prescription du tems immémorial n'est point comprise; & que c'est là ce qui a toujours déterminé la Cour à juger que le Domaine de la Couronne, qui avoit été possédé l'espace de cent ans, ne pouvoit être retiré, ni racheté des mains de celui qui en avoit ainsi joüi de bonne foi. *Æquitatis ratione motus ordo clarissimus, Regiorum Edictorum interpres, moderatorque, censuit non semel, Reipublicæ patrimonium, à centeno bonæ fidei possessore, minimè avocandum.*

La Dame Apellante ne pouroit donc espérer moins d'équité de la part de la Cour, si elle étoit dans le même cas, puisque la possession des Seigneurs d'Antigny est de bonne foi, & qu'elle excéde de beaucoup le terme d'un siécle. Mais heureusement elle n'a pas besoin de ce secours, puisqu'il n'est point absolument ici question du vrai Domaine de la Couronne; comme elle se flatte de l'avoir démontré.

En tout cas quand la mouvance de cette portion de Sivry acquise en 1529, pouroit être adjugée au Roi, elle n'estime pas qu'on puisse la priver de la mouvance sur le reste de la même Terre; c'est la quatriéme proposition, qu'on a avancé, pour fonder la seconde question; dont on s'est expliqué au commencement de cet écrit.

F

Quatriéme Propofition.

Quand la mouvance de la portion de Sivry venduë en 1589, pouroit être adjugée au Roi, cela ne priveroit point le Seigneur d'Antigny de la mouvance fur le refte de la même Terre.

Les propofitions, qu'on vient d'établir, prouvent invinciblement l'injuftice de la Sentence, dont eft apel, d'avoir annullé tant la tranf-action du 19 Avril 1619, que la reprife de Fief faite par Jean Brou-hot au Seigneur d'Antigny le 2 Octobre 1589, & toutes les autres poftérieures.

Mais le comble de l'injuftice, c'eft d'avoir, fous le prétexte de la prétenduë réunion au Domaine de la portion de Sivry venduë en 1589 au même Brouhot par le Seigneur d'Antigny, déclaré la mou-vance des autres portions de cette Terre pareillement réunie, & en conféquence déclaré, *que la Terre & Seigneurie de Sivry, membres & dépendances, & tout ce qui en eft poffédé par le Sieur Languet, font mouvans immédiatement, & en plein Fief du Roi.*

Page 10 de fon Factum, Que le Sieur Languet ait ofé avancer avec confiance, comme il l'a fait, que c'eft une maxime certaine, que par la réunion d'un membre d'une Seigneurie, tout devient de même nature; & qu'il faut néceffairement, que la portion d'Arbalefte, acquife en 1529 par Girard de Vienne, foit devenuë Fief fervant; ou que les autres por-tions de Sivry, provenants de Berthot, & de la Baume, foient deve-nuës Fief dominant; que la mouvance du Roi a dû céder à celle du Seigneur d'Antigny, ou celle du Seigneur d'Antigny à celle du Roi, &c. Ce font là en vérité des paradoxes, qui ne furprennent point, on ofe le dire, dans la bouche du Sieur Languet.

Mais ce qu'on ne conçoit pas, c'eft qu'il en ait pû faire gouter l'abfurdité aux premiers Juges; jufques à leur faire paffer par deffus les régles les plus inviolables de la Juftice.

Pour en être convaincu, la Cour fe fouviendra, s'il lui plaît, que dès l'année 1579 Jean Brouhot, dont il femble que le caractere ait été tranfmis avec la Terre au Sieur Languet, après avoir deux fois repris de Fief du Seigneur d'Antigny pour deux différentes portions de Sivry, qu'il avoit acquifes en 1574 & 1578, fe mit en tête de fecoüer le joug de cette féodalité. Il porta cette inftance au Bailliage d'Arnay-le-Duc, où il tâcha de mettre dans fes interêts le Procureur du Roi, qui parut y entrer d'abord.

Cependant à la vuë des titres que produifit le Seigneur dominant, l'un & l'autre furent obligés de fe rendre; enforte que par deux Sén-tences du Bailliage, des 30 Octobre & 15 Décembre de la même an-née, les portions de Sivry acquifes par Brouhot, furent déclarées mouvantes du Chateau d'Antigny, & les reprifes de Fief, dont on vient de parler, bien & dûment faites; & en conféquence Brouhot débouté du fruit & effet des Letttes de fouffrance qu'il avoit obtenuës.

Certainement de tels Jugements, rendus avec la Partie publique, ne pouvoient être anéantis, que par la voie de l'apel. Il n'y en avoit point de la part du Sieur Languet, & il ne pouvoit même y en avoir ; puisque ces Sentences avoient été acquiescées par son auteur, comme il paroît par le procès verbal d'exécution ; lors duquel Brouhot déclara, qu'*il ne pouvoit empêcher l'exécution d'icelle Sentence, sçachant bien que ledit Fief étoit dû au Seigneur d'Antigny, & lui apartenoit d'ancienneté.* Il n'en étoit point apel non plus de la part du Procureur du Roi en la Chambre du Domaine. Et cependant les Juges ont inconsiderément prononcé le contraire de ces deux Sentences, qu'ils n'avoient pas ni le droit ni le pouvoir de réformer. La Cour fera sur cette irrégularité, si marquée & si affectée, les réflexions qu'elle mérite.

Mais quand le Procureur du Roi auroit apellé de ces Jugements, sur quelle raison après tout, auroit-il pû le faire ? L'acquisition que fit Girard de Vienne en 1529 d'une portion de Sivry, auroit-elle donc pû faire changer de nature aux autres portions, que Brouhot acquit dans la suite ? Les auroit-elle renduës plus nobles, & aussi nobles que le Fief dominant, auquel elles n'étoient pas unies ? Depuis quand regarde-t-on les Terres, comme quelque chose d'indivisible, ensorte que dès qu'une portion relevera du Roi, toutes les autres devront en relever aussi, malgré les titres, qui en réglent la mouvance d'une autre manière ? Que le Sieur Languet consulte là-dessus ses livres, qu'il y cherche des preuves d'une doctrine aussi étrange, & aussi nouvelle ; on se contentera de dire en attendant, que l'avoir exposée, c'est l'avoir suffisamment réfutée.

D'où l'on conclut, que quand même la Sentence dont est apel, pouroit être défenduë, par raport à la portion de Sivry, qui fut venduë en 1589 à Jean Brouhot, ce qu'on n'estime pourtant pas, elle ne seroit toujours pas soutenable par raport aux autres portions, qui n'ont jamais été possédées par les Seigneurs d'Antigny ; & dont la mouvance devroit toujours leur être adjugée.

Mais ce ne seroit pas assez ; car enfin le Seigneur dominant a été désavoué, & désavoué avec connoissance ; ce désaveu a donc rendu le Fief sujet à la commise ; c'est l'objet de la troisiéme question de ce procès qu'on va examiner.

TROISIE'ME QUESTION.

Le désaveu, fait indûment par le Sieur Languet de son Seigneur dominant, a rendu son Fief sujet à commise.

Comme il est certain que les Fiefs dans leur origine viennent de la concession des Seigneurs dominans, il n'est pas douteux, que l'ingratitude du Vassal, qui s'oublie assez, pour désavoüer de mauvaise foi son Seigneur, a toujours été regardée comme une témérité très punissable. Aussi voyons-nous que Loisel, *Inst. Cout. liv.* 6, *tit.* 2, *art.* 22, la met entre *les crimes féodaux ; crimes féodaux sont félonnie, ou faux aveu à escien.* Et Lauriere, en son Glossaire du Droit François, tom. 1, p. 330, & 453, dit, qu'elle est apellée *prodition* dans

un ancien Arrêt du Parlement de Paris, & que c'est une des causes spé-
ciales de félonnie.

On n'a jamais révoqué en doute, que la perte du Fief ne fût la
peine ordinaire de ce délit. *Vaffallus Feudum, quod fciens abnegavit,
amittit.* C'est la décifion des Loix des Fiefs, §. 3, & 5, Feud. Si
de Feudo defuncti contentio fit, &c. & tit 26, §. 4. *Vaffallus, fi Feudum, vel Feudi partem, aut Feudi conditionem, ex certâ fcientiâ in-
ficiatur, & indè convictus fuerit, eò quod negaverit Feudum, ejufve
conditionem, expoliabitur.* De-là notre axiome Coutumier, raporté par
Loifel, *Inft. Coutum. liv. 4, tit. 3, art. 96, 97. Le Vaffal mal défa-
vouant, perd fon Fief. Car qui Fief dénie, ou qui à efcient fait faux
aveu, ou commet félonnie, Fief perd.*

Brodeau, fur *l'art.* 43 de la Coutume de Paris, traite fort au long
cette matiére; & n. 8 dit que *cette peine n'eft point comminatoire,
mais pure & fimple, fatale, irrévocable, & irréparable; jufques-là
qu'il n'y a pas lieu de purgation, ni de pénitence, comme étant un droit
acquis par la Coutume, & principalement quand le défaveu a été fait
en Juftice, & que le Seigneur a conclu à la commife du Fief.* Que cela
a été ainfi jugé par plufieurs Arrêts, qu'il cite; & que tel eft l'avis
de Dumoulin, §. 30, n. 18, 54, 55, 97 & 98, où il prouve par
plufieurs raifons, que *quand le défaveu a été formé fciemment, & fé-
rieufement en Jugement, & que le Seigneur a formé fa demande pour
la commife, il n'y a plus lieu de réfipifcence, ni de pénitence.* Expreffions, qui femblent toutes faites pour la décifion de notre efpèce,
tant elles y conviennent & s'y apliquent naturellement.

En effet le Sieur Languet n'oferoit dire, qu'il a formé ce défaveu
par ignorance; qui eft un cas où le Vaffal peut être excufé de fon im-
prudente dénégation. *Vaffallus Feudum, quod fciens abnegavit, amittit, ignoranti verò fubvenitur.* Celle-ci a été formée avec grande connoiffance de caufe; *ex certâ fcientiâ inficiatus eft*; en caufe d'apel, à
la Cour; à la face de l'Audience du premier Décembre 1729; réi-
térée dans fa Requête du 4 du même mois, & dans l'Arrêt du len-
demain, qui renvoya l'affaire à la Chambre du Domaine. Elle a été
faite par un homme, dont le pere, & l'ayeul avoient rendu hommage au Seigneur d'Antigny, & qui plus eft, après avoir eu communication de fes titres, & des preuves de fa poffeffion, jufques à deux
fois avant fa dénégation; après même avoir donné à entendre par
fes lettres, qu'il pouroit fe mettre à fon devoir, s'il y trouvoit quelque avantage. On le demande, s'eft-il jamais trouvé de circonftances
plus fortes, pour donner lieu à la commife? Car, comme dit Brodeau, au lieu cité, n. 10, *le défaveu fait en Jugement, par un acte
férieux, formel, & exprés, eft préfumé toujours procéder d'une volonté
concertée, & délibérée, d'une malice affectée, par une réflexion d'efprit, & d'un dol prémédité.* Où pouroit-on trouver des traits plus na-
turels, pour peindre la conduite du Sieur Languet?

Il ne dira peut-être pas, que cette rigueur n'a pas lieu dans cette
Province, tandis que le contraire eft attefté par Chaffeneuz, fur notre Coutume, *Rubr. 3, §. 4, verb. après ledit hommage, n. 10,* en
ces termes: *Si negaverit fe Vaffallum, & convincatur de mendacio,
privabitur Feudo, fecundùm Confuetudinem Feudorum.*

Par Villers fur le même titre, *pag.* 37, *édit. de* 1717. *Quando autem dicimus Feudum amitti ob negationem, feriam, vel præparatam intelligé; nec refert, fi non fit facta in Judicio, fed extrà; nec adverfus eam datur reftitutio.*

Enfin par Taifand, *ibid. art.* 3, *not.* 6, où il certifie, que parmi nous le défaveu emporte commife, fi le Vaffal le fait de deffein formé, au préjudice de la connoiffance certaine, qu'il a de l'état de fon, Fief.

Toute la reffource du Sieur Languet, & c'eft l'unique, eft de dire, qu'ayant reconnu le Roi pour fon Seigneur immédiat, il eft à couvert de la commife à l'égard du Seigneur d'Antigny, quand bien même la mouvance contentieufe lui feroit adjugée. Il cite à ce fujet plufieurs Auteurs, qu'il prétend l'avoir décidé de la forte. Mais il eft facile de lui montrer, qu'il les a mal entendus, & qu'il ne fçauroit fe prévaloir de leur autorité.

On obfervera d'abord, que l'axiome : *qui Fief dénie, ou qui à efcient fait faux aveu*, nous a été donné pour régle, fans aucune différence entre celui, qui fait un faux aveu au profit du Roi, ou qui le fait au profit d'un autre. Et il ne paroît pas en effet qu'on en doive faire ; car non-feulement il n'y a pas moins de *malice affectée* à reconnoître le Roi pour Seigneur dominant, quand on fçait que la mouvance apartient à un autre ; mais on peut dire même, qu'il y en a davantage. Car c'eft donner à fon Seigneur une Partie infiniment plus redoutable. C'eft pour ainfi dire le mettre aux mains de gayeté de cœur avec fon Souverain. Or ce *dol prémédité* eft beaucoup plus puniffable ; que s'il étoit fait au profit d'un Particulier.

On remarquera encore, qu'encore que le même axiome ait été inféré dans la plûpart des Coutumes de France, il n'y en a aucune, qui excepte le cas de l'aveu fait au profit du Roi, que celle de Meaux feule, tandis qu'il y en a cinq, qui décident expreffément, qu'il ne fuffit pas d'avoüer le Roi, comme celle de Vermandois, *art.* 198, de Chalon, *art.* 199, de Rheims, *art.* 127, de Ribemont, *art.* 29, & de S. Quentin, *art.* 80. Or on laiffe à penfer, fi dans la balance une feule Coutume peut l'emporter fur tant d'autres contraires.

D'ailleurs que porte l'*Art.* 185 de celle de Meaux, que le Sieur Languet préfére aux autres ? en voici les termes : *qui défavoüe à tenir d'aucun Seigneur, il perd fon Fief, & le confifque, s'il eft trouvé que celui, qu'il a défavoüé, foit Seigneur féodal dudit Fief ; fi ce n'eft qu'il avoüe le Roi à Seigneur, ET SANS FRAUDE.*

La Dame d'Antigny confent d'être jugée fuivant cette difpofition. Elle convient fans peine, qu'un Vaffal, qui fans aucun mauvais deffein & dans l'ignorance de fon véritable Seigneur féodal, auroit recours au Roi, & fe feroit recevoir en foi par main fouveraine, auroit un prétexte légitime pour fe défendre de la commife. C'eft une exception à la régle générale, admife par Brodeau, fur la Coutume de Paris, *art.* 43, *n.* 17, où il établit, que *le défaveu n'emporte point la commife, quand le Vaffal foutient SANS FRAUDE, & fans efprit de calomnie, fon Fief être tenu & mouvant du Roi, qui eft la vive fource de la féodalité, &c.*

Mais cette exception doit être prife avec fa limitation, qui eft

trés-raifonnable. Car il ne convient pas à la Dignité Royale de pro-
téger la fraude, & de prêter la main à l'ingratitude d'un Vaſſal,
qui veut injuſtement priver ſon Seigneur d'une mouvance, qu'il
ſçait lui apartenir. Le Thrône eſt l'aſile naturel de l'innocence,
& de la bonne foi ; mais non de l'injuſtice, & de la chicanne. Et
il ne feroit pas moins contre les régles de l'équité, que la fraude
d'un Vaſſal téméraire, pût lui être utile. C'eſt la réflexion de Bille-
cart, ſur l'*art.* 199 de la Coutume de Chalon, où il dit que le Roi,
n'étant que comme un autre Seigneur ſuzerain, n'eſt pas préſumé
vouloir ôter le droit d'autrui. *Nemini fraus ſua prodeſſe debet.*

C'eſt ainſi, ſans doute, que doivent être entendus les Auteurs,
qui ont crû, que celui qui avouë le Roi, ne tombe point en commiſe. Que s'il y en a qui ayent étendu cette doctrine au cas,
où le faux aveu du Roi auroit été fait malicieuſement, on
doit dire de leur ſentiment ce qu'en diſoit Mr. du Ferron, ſur la
Coutume de Bourdeaux, *tit.* 8, §. 3, que c'eſt, *commentum eorum,
qui, ut aiebat ille, ſunt omnia fiſci.* Buridan, ſur l'*art.* 127 de la
Coutume de Rheims, nous aſſure même, que *cette opinion eſt à pré-
ſent hors d'uſage entre les François, & que le Vaſſal d it avouër ou
déſavouër celui, qui ſe prétend être ſon Seigneur féodal immédiat, ſans
ſe plus pouvoir couvrir de cette couverture, qu'il déclare, qu'il tient
ſon Fief du Roi.*

Si on recevoit cette doctrine dans notre Province, les mouvances
deviendroient bientôt des droits chimériques. Les arriere-Fiefs ne
feroient plus des Fiefs de danger ; ou du moins ils ne le feroient,
que pour les Seigneurs, qu'on ne craindroit pas de déſavouër ; puiſqu'on feroit à l'abri de la commiſe, en avouant le Roi à tort & à
travers. Beau moyen, pour exciter les Vaſſaux à la révolte, & pour
obliger les Seigneurs à renoncer plûtôt à leurs droits, que de s'ex-
poſer à des procès immenſes, pour conſerver un frivole honneur,
& une vaine cérémonie de foi & hommage.

D'ailleurs, quand ces Auteurs ont dit, qu'il ſuffiſoit d'avouër le
Roi, cela ne s'entend pas d'un ſimple aveu verbal, & non réaliſé.
Non ſufficit ſimplex, ſeu verbalis oblatio, dit Dumoulin, ſur l'*art.*
42, *n.* 41 de l'ancienne Coutume de Paris, qui eſt le 60 de la nouvelle. *Igitur,* ajoûte-t-il, *oportet vaſſallum ex parte ſua implere, &
præſtare, quæ ex eadem cauſa debentur.* C'eſt le ſentiment de tous
nos Juriſconſultes. *Quand le Vaſſal eſt pourſuivi par deux Seigneurs
à cauſe de foi & hommage, il doit ſe faire recevoir par main ſouveraine,* dit Lhommeau, en ſes maximes du Droit François, *liv.* 2,
art. 15. La même route eſt tracée par tous les Auteurs ; entre autres,
par Loiſel, *Inſtit. Cout. liv.* 4, *tit.* 3, *art.* 94. Par Pocquet de Livo-
nieres, en ſes régles du Droit François, *p.* 108, par Billecocq, en ſes
principes ſur les Fiefs, *p.* 285, &c. Ce dernier que cite volontiers
le Sieur Languet, dit préciſément : qu'*il ne ſuffit pas au Vaſſal de
dire, qu'il tient ſon Fief du Roi, mais qu'il faut expreſſément, qu'il
avouë celui, qu'il prétend être ſon Seigneur.* Par cette diſtinction,
entre *dire,* qu'on eſt Vaſſal du Roi, & *l'avouër expreſſément,* il fait
aſſés ſentir, que l'aveu verbal ne ſuffit pas, s'il n'eſt accompagné
de l'aveu réel, qui ſe fait par la repriſe par main ſouveraine.

Auſſi eſt-ce le cas, où les Arrêts ont excuſé quelquesfois le Vaſſal de la commiſe, comme on en peut juger par l'endroit même de Dumoulin, *ſtil. antiq. Parlament. pari.* 1, *cap.* 28, *n.* 14, que le Sr. Languet a inſéré *p.* 54 de ſon Factum. *Ubi Vaſſallus alicujus IN-TRAT IN FIDEM ET HOMAGIUM REGIS*, &c. Car l'hommage effectif rendu au Roi eſt le véritable aveu du Souverain, que les Arrêts ont jugé digne d'excuſe ; ſurtout quand il eſt fait ſans fraude, & ſans aucun mauvais deſſein du Vaſſal contre ſon Seigneur dominant.

Mais quand on pouroit ſe perſuader, que le Sieur Languet a eu des vûës auſſi innocentes, en ſe déclarant Vaſſal du Roi, a-t-il rempli réellement le devoir, auquel il faiſoit ſemblant de ſe croire tenu ? nullement ; & depuis près de neuf ans que le procès eſt commencé, il ne s'eſt point encore préſenté, pour rendre hommage au Souverain. S'il l'a reconnu pour ſon Seigneur féodal, ce n'eſt que des lévres, puiſqu'il en eſt encore à faire une démarche, par laquelle il auroit dû commencer.

On dit qu'il auroit dû commencer par là : parce que quand aujourd'hui il voudroit remplir cette formalité, elle lui ſeroit inutile, n'étant faite qu'après la demande en commiſe, & après le droit acquis au véritable Seigneur féodal ; ſuivant la remarque de Brodeau, ſur la Coutume de Paris, *art.* 43, *n* 8, qu'on a ci-devant cité ; mais ſi en cela il n'a pas ſuivi la route ordinaire, il n'eſt pas difficile d'en pénétrer la raiſon. Il ſçait bien dans le fond de ſon cœur, de qui relève ſon Fief ; & comment pouroit-il l'ignorer, tandis qu'il a entre ſes mains des preuves domeſtiques de l'hommage, que ſon pere & ſon ayeul ont rendu au Seigneur d'Antigny ? mais il s'étoit mis dans la tête de faire peur à un nouveau Seigneur, peu expert dans les affaires, & occupé de ſoins plus importants, afin de l'engager à acheter la mouvance, dont il s'agit. L'évidence de ce deſſein ſecret s'eſt manifeſtée dans les lettres, qui ſon produites au procès, & lui attirera ſans doute l'indignation de la Cour.

C'eſt donc avec raiſon, que la Dame Apellante conclut à la commiſe de la totalité de la Terre de Sivry. Aux autorités, qu'elle a citées pour établir la juſtice de cette demande, elle ne peut s'empêcher de joindre ces termes de Dumoulin, ſur l'*art.* 30 (aujourd'hui 43) de la Coutume de Paris, *gl.* 1, *n.* 5, tant ils conviennent au procès : *dummodo Vaſſallus ſcienter, vel fraudulenter negaverit Patronum, tunc convicto de mendacio non eſt parcendum, quia mentiens ſimilis eſt furi.* Il faut en pareil cas des exemples de ſévérité, pour retenir les Vaſſaux dans le devoir, & le reſpect. La Cour en a donné autresfois un ſolemnel dans une eſpèce bien plus favorable pour le Vaſſal, que celle du Sieur Languet. Voici dans quelles circonſtances.

Jean de Culan, Seigneur de la moitié des dixmes de Cartées, en avoit fait vente à Artus de Colombier, qui en reprit de Fief à la Chambre des Comptes, & enſuite en prit la poſſeſſion réelle.

Le Sieur de Chatellux qui en étoit le véritable Seigneur féodal, demanda la commiſe de ce Fief ſur l'Acheteur, pour s'y être immifcé, avant que de lui avoir rendu le devoir prefcrit par la Coutume. Artus de Colombier fe pourvut en garantie contre Marguerite de Rabutin, veuve de Jean de Culan, comme tutrice de fes enfans, parce qu'aparemment fon mari avoit vendu ce Fief, comme relevant du Roi. Elle foutint qu'un Vaffal qui reconnoiffoit le Roi, n'étoit point fujet à la commife, & pour lever tout doute, elle prit des Lettres de reftitution contre la vente faite par fon mari. Mais par Sentence du Bailliage d'Avalon, elle en fut déboutée, & le Fief fut déclaré acquis & commis au profit du Sieur de Chatellux, comme mouvant de fon Fief, & le Vaffal condamné à reftituer tant les fruits, que les titres & papiers concernant la dixme dont il s'agiffoit.

Marguerite de Rabutin avoit d'abord interjetté apel de cette Sentence. Enfuite elle s'en étoit départie par un acquiefcement, qui avoit été reçu par Arrêt du 17 Fevrier 1561. Peu après fes enfans ayant pris des Lettres de reftitution contre cet acquiefcement, & ayant en conféquence apellé de la Sentence d'Avalon, il fallut plaider de nouveau fur le fond. Mais ce ne fut pas avec plus de fuccès. Car par Arrêt donné au raport de Mr. Begat le 5 Juillet 1564, ils furent déboutés de leurs Lettres, & la Sentence de nouveau confirmée. L'Arrêt eft produit au procès, & comme il a été dit, il fut rendu dans des circonftances plus fortes, que celles où fe trouve le Sieur Languet; puifque l'Acheteur avoit effectivement rendu hommage au Roi avant que de connoître le droit du Seigneur féodal, ni qu'il y eut aucune inftance commencée, au lieu que le Sieur Languet poffede fon Fief depuis 1705, fans avoir fait hommage au Roi, ni à aucun autre Seigneur.

La Dame Apellante a lieu d'attendre de la juftice de la Cour une réparation non moins exemplaire du téméraire défaveu du Sr. Languet. S'il demeuroit impuni, s'il étoit permis aux Vaffaux de fufciter, fans aucun danger, de pareils procès à leurs Seigneurs, les mouvances, qui font les droits les plus nobles, comme les plus infructueux des Terres, deviendroient bien à charge, furtout en cette Province, où ils font purement honorifiques. Il y en a peu qui y aient plus d'interêt, que les Seigneurs d'Antigny, par le grand nombre de mouvances qui en dépendent. Ainfi la Dame Apellante fe flate que la Cour aura la bonté d'aporter à ce défordre un rémede d'autant plus convenable, qu'il eft fondé fur une des régles des plus juftes & des plus inviolables du Droit des Fiefs.

Elle efpére de même, comme une fuite de la commife, qu'elle obtiendra mainlevée des revenus faifis par l'exploit du 6 Novembre 1728, & de ceux qui font échûs depuis.

Elle feroit en droit de les prétendre & de les demander, quand bien même le Sieur Languet feroit affez heureux pour être renvoyé, ce qu'elle n'eftime pas, de la demande en commife, & que la Cour, en déclarant la Terre de Sivry mouvante du Chateau d'Antigny, le condamneroit feulement à faire les devoirs de Fief, il eft certain que tous les fruits & revenus, jufqu'à ce qu'il fe fût mis en devoir de les faire, feroient dûs à la Dame Apellante, en la qualité qu'elle agit.

Il y en a un texte exprès dans nôtre Coutume, en *l'art.* 1 *du tit.* des Fiefs, qui porte qu'en cas de mainmise du Seigneur féodal sur son Vassal, pour cause de devoir de Fief non fait, le Seigneur *doit faire les fruits siens, jusqu'à ce que les successeurs en la chose féodale ayent fait, ou duëment présenté de faire leur devoir de Fief à la personne du Seigneur.*

Le Sieur Languet, qui a prévû, que soit d'une façon, soit d'une autre, soit par commise, soit par mainmise, il n'éviteroit jamais la perte des fruits, a mis tout en œuvre pour combattre de nullités l'exploit de saisie féodale; mais ces nullités sont des plus frivoles.

1°. Il dit, que cet exploit a été fait en vertu d'un débitis qui n'existe point, ou qui est suranné; mais la fausseté de cet allégué a été prouvée en premiere instance.

2°. Il opose, que la saisie a été prématurée, & qu'elle auroit dû être précédée d'une notification du droit, qu'avoit le feu Sieur d'Antigny, suivant l'art. 65 de la Coutume de Paris.

On a réfuté amplement cette objection dans le premier Mémoire imprimé pour Mr. le Marquis d'Antigny, p. 11 *& suiv.* & on est surpris, qu'un ancien Officier de Justice, qui doit être instruit, veüille introduire parmi nous une formalité, prescrite par une Coutume étrangere, & qui ne s'est jamais observée dans la nôtre, ou par l'art. ci-dessus cité, *le Seigneur peut mettre la main à la chose mouvante de son Fief, après le décès de son Vassal, pour cause de devoir de Fief non fait, sans autre formalité;* cela est d'un usage trivial, & on auroit honte d'en dire davantage sur une chose qui n'est ignorée de personne.

3°. Il prétend que la saisie est nulle, en ce qu'elle n'est que des fruits de la Terre de Sivry, & non du Fief même.

Mais c'est une vaine subtilité, qui n'a aucun fondement, sur tout dans nôtre Coutume; car en autorisant la mainmise sur *la chose mouvante du Fief,* elle l'autorise sur toutes les dépendances du Fief. Qui peut le plus, peut le moins? cela n'est pas douteux. Si donc le Seigneur peut saisir le fonds, à plus forte raison peut-il saisir les fruits, & c'est ce que dit Dépringles sur nôtre Coutume, *p. 48, édit.* de 1717, qu'une des manieres dont le Seigneur peut procéder contre son Vassal, pour le faire condamner à reconnoître le Fief, lui faire les foi & hommage, & serment de fidelité, est *de se pourvoir par saisie des fonds & revenus de la chose féodale, auquel cas le Seigneur féodal gagne les fruits depuis le jour de sa saisie.*

Taisand, sur la même Coutume, *pag.* 85, égale pareillement la saisie des fruits à la mainmise; ensorte que qui dit mainmise, dit saisie de fruits; & qui dit saisie de fruits, dit mainmise. Et c'est ce qui s'apelle dans plusieurs Coutumes *exploiter le Fief,* qui est la même chose, qu'en saisir les fruits, suivant le Glossaire du Droit François, *tom.* 1, *pag.* 449.

On n'en dira pas davantage sur ce point, tant parce qu'il a été amplement traité au premier Mémoire imprimé, *p.* 25, que parce que cette question a été précisément jugée à l'avantage des Seigneurs, par l'Arrêt célebre rendu, à grande connoissance de cause, le 4 Août

H

1735, au profit du Sieur de Digoine, contre le Sieur de Truchis son Vassal, qui oposoit contre la saisie féodale de son Fief la même prétenduë nullité, qu'opose le Sieur Languet. La Cour s'en souviendra sans doute.

4°. Le Sieur Languet propose pour derniére nullité contre l'exploit, qu'il a été fait sur un simple débitis, & par consequent sur une commission générale, & non sur une spéciale, qu'il dit être nécessaire, suivant quelques Arrêts du Parlement de Paris.

On lui a déja répondu, que les autorités étrangéres étoient fort inutiles dans notre Coutume, où le Seigneur peut de son autorité *mettre la main à la chose mouvante de son Fief*, comme porte l'art. 1 *du tit.* des Fiefs. Chasseneüz sur ces mots en a fait l'observation : *Hic vides, quòd hæc saisiua, seu manùs appositio, fit per ipsum Dominum, & ejus autoritate ; & sic sibi dicit jus, propriâ autoritate.* C'est aussi le sentiment de Dumoulin, sur l'art. 1 de la Cout. de Paris, *gl.* 4, *n.* 11, comme on l'a observé dans le premier Mémoire, *pag.* 21 & 22 ; de Coquille sur celle de Nivernois, qui est pareille à la notre, *ch.* 4, *art.* 1, où il enseigne, que cette mainmise, à proprement parler, *n'est pas saisie sous la main de Justice ; mais purement de Droit privé & domanial.* La raison qu'il en donne en son Institution au Droit François, *tit.* des Fiefs, c'est parce *qu'il prend le Fief comme sien, & comme à lui retourné. Ce qui dépend de la très ancienne usance des Fiefs, selon laquelle la concession étoit finie par la mort du Vassal, & le Seigneur mettoit en sa main son Fief. Ce qui a été aboli, quant à la propriété, mais est demeuré en usage, quant au gain des fruits.*

C'est donc surabondamment, que feu Mr. le Marquis d'Antigny, qui pouvoit de son autorité, mettre la main sur son arriére-Fief, a préféré la voie ordinaire de la Justice. Pour cela il remit le premier d'Octobre 1728, à l'Huissier Descombes une commission spéciale pour saisir tous les fruits & revenus de la Seigneurie de Sivry, dont joüit le Sieur Languet, comme à lui dûs & acquis, *pour cause de devoir de Fief non fait* de la part de son Vassal. Cela fut exécuté le 6 de Novembre suivant. Les actes en sont produits au procès. Comment donc le Sieur Languet a-t-il pû dire, que cette saisie avoit été faite sans commission spéciale ?

Il est vrai que le Sieur d'Antigny requit par la même commission, que *pour conserte main* signification fût faite de son débitis au Sieur Languet. Cela étoit absolument inutile. Mais cette formalité superfluë ne pouvoit nuire ; & on peut dire qu'elle ne faisoit ni bien ni mal au procès. C'est donc, mal à propos, que le Sieur Languet a fait écrire tant de choses inutiles sur ce sujet ; aussi ne s'arrêtera-t-on pas davantage à y répondre.

Cela suposé, la Dame Apellante a lieu d'espérer que la Cour aura la bonté de lui adjuger les conclusions qu'elle a prises au procès.

CONCLUSIONS.

A ce qu'il soit dit, que sans avoir égard à l'apellation interjettée par le Sieur Languet de la Sentence renduë en la Chambre du Domaine le 24 Janvier 1733, qui fera mife à néant, faifant droit fur celle interjettée de cette même Sentence par le feu Sieur Marquis d'Antigny, icelle & ce dont eft apel foient mis à néant, & par nouveau Jugement, fans s'arrêter aux fins & conclufions prifes par ledit Sieur Languet, tant en premiére inftance, qu'à la Cour, ni à fon opofition au dénombrement fourni par ledit Sieur Marquis d'Antigny des dépendances dudit Marquifat, ni auffi à l'intervention formée en ladite Chambre du Domaine par le Procureur du Roi en icelle; faifant droit fur les Requêtes dudit Sieur d'Antigny des 15 Décembre 1729, 26 Juillet 1730, & 2 Juillet de la préfente année, la Terre & Seigneurie de Sivry-lez-Arnay-le-Duc, membres & dépendances, en ce qui eft poffédé par ledit Sieur Languet, foit déclarée, tant par fin de non-recevoir, qu'autrement, mouvante du Chateau & Marquifat d'Antigny; & ladite Dame Apellante, en la qualité qu'elle agit, maintenuë & gardée précifément & définitivement au droit négatif, qu'il n'a été loifible audit Sieur Languet d'y troubler ledit feu Sieur d'Antigny, & de le défavoüer pour fon Seigneur féodal.

Et pour réparation defdits trouble & défaveu faits par ledit Sieur Languet, que toute ladite Terre & Seigneurie de Sivry, en ce qui en eft poffédé par ledit Sieur Languet, membres & dépendances, en quoi que le tout puiffe confifter, foit déclarée acquife & confifquée au profit de ladite Dame en ladite qualité, & à elle adjugée par droit de commife, avec défenfes audit Sieur Languet d'y aporter aucun trouble, ou empêchement, ni de fe dire & qualifier à l'avenir Seigneur dudit Sivry, & de s'immifcer en la poffeffion & joüiffance de ladite Terre, à peine d'amende arbitraire.

En conféquence que mainlevée foit faite à ladite Dame de tous les fruits & revenus de ladite Tetre, compris en la faifie féodale du 6 Novembre 1728, & de tous autres, que ledit Sieur Languet poutoit avoir perçus, ou qu'il auroit dû percevoir, depuis la demande en commife, fuivant l'eftimation qui en fera faite à l'amiable entre les Parties, ou par Experts, dont elles conviendront, ou qui feront nommés d'Office, même un tiers, s'il y échet, auquel effet ledit Sieur Languet fera tenu de repréfenter les baux à ferme des droits & revenus de ladite Terre, & tous autres titres, terriers, manuels, & enfeignements, qui font en fa puiffance, ou à fe purger par ferment, qu'il n'en a retenu, ni recelé aucuns, ou ceffé de les avoir par dol, fraude, ou autrement; avec injonctions tant aux Fermiers, qu'aux débiteurs defdits droits & revenus, & dépofitaires des fruits faifis, d'en vuider leurs mains entre celles de ladite Dame, à peine d'y être contraints par toutes voies dües & raifonnables.

Et faute par ledit Sieur Languet de repréfenter lefdits titres, terriers, manuels, & autres enfeignements, qu'il fera permis à ladite Dame de les compulfer par tout où il apartiendra, & d'en tirer tels extraits, qu'elle verra bon être, même de les faire faifir & arrêter entre les mains de tous dépofitaires, le tout aux frais dudit Sieur Languet, qui fera en outre condamné en tous les dépens de la caufe principale, & en ceux de la caufe d'apel, & inftances de Réquêtes.

Et cependant qu'acte foit octroyé à ladite Dame de la déclaration expreffe qu'elle fait, qu'elle n'a entendu, & n'entend pas, que par ladite confifcation par elle demandée de ladite Terre & Seigneurie de Sivry, elle foit réunie & incorporée audit Marquifat d'Antigny, & de la réferve que fait ladite Dame, tant pour elle en ladite qualité qu'elle agit, que pour ceux qui feront ci-après Seigneurs d'Antigny, de la pouvoir mettre hors de leurs mains, & de la rétablir en fon état d'arriére-Fief dudit Antigny, ou autrement en difpofer, comme bon leur femblera.

Monfieur le Marquis DE LANTENAY Raporteur.

CALON Confeil.

BIZOUARD Procureur.

Arrêt qui a déclaré la commife en faveur du Seigneur féodal, malgré la reprife de Fief faite par main fouveraine, par le Vaffal.

Extrait des Régiftres du Parlement.

ENtré Edme, Jeanne, & Jean de Culan, pupils & moindres d'ans, enfans de feu Jean de Culan, Ecuyer, Seigneur des Carrées, Demandeurs & pourfuivans l'entérinement des Lettres Royaux, données à Dijon le 25 d'Aout 1562, pour être reçûs Apellans de certaine Sentence renduë au Bailliage d'Auxois au Siége d'Avalon, le 11 Octobre 1561 ; par laquelle le Lieutenant du Bailli d'Auxois, audit Siége, auroit déclaré la moitié des dixmes de la Seigneurie des Carrées, venduës par ledit feu Jean de Culan à Artus de Colombier, Seigneur d'Aligny, *acquife & commife au profit de Meffire Loüis de Chatellux, Seigneur dudit lieu, comme mouvant de fon Fief*, & pour l'entremife y faite par le Seigneur d'Aligny, fans la permiffion du Seigneur féodal, contre la Coutume de Bourgogne ; & auroit ledit Lieutenant débouté ladite Marguerite de Rabutin, veuve dudit Jean de Culan, tant en fon nom, que comme tutrice de fefdits enfans, des Lettres Royaux par elle produites, l'a condamné à laiffer joüir déformais ledit de Chatellux Demandeur, de ladite moitié de dixmes ; lui reftituer les fruits en levés, & perçûs depuis la poffeffion réelle dudit dixme prife par ledit Sieur d'Aligny ; & en outre l'auroit condamné à rendre les titres & piéces mentionnées en la cédule produite par ledit de Chatellux, en fon inventaire, fous la cotte M. dans un mois prochain, à peine de tous dépens, dommages & interêts ; & és dépens, d'une part.

Et ledit Meffire Loüis de Chatellux Défendeur aufdites Lettres, d'autre part.

Et encore icelui de Chatellux Demandeur en garantie, tendante, à fin que ladite de Rabutin, en fon propre & privé nom, & Me. Germain Fornier fon Procureur, fuffent condamnés, à faire ratifier l'acquiefcement par eux fait à ladite Sentence, felon lequel, Arrêt auroit été donné audit Parlement le 17 Fevrier 1560, d'une part,

Lefdits de Rabutin & Fornier Défendeurs à ladite garantie, d'autre.

Vû lefdites Lettres, l'exploit de l'apel dudit Edme de Culan, & Confors ; production faite par ledit de Chatellux, devers ladite Cour, en droit fur l'apellation émife d'icelle Sentence par ladite de Rabutin, tant en fon nom que comme tutrice de fefdits enfans ; copie vaillant original de la procuration paffée par icelle de Rabutin audit Fornier, le 10 Janvier 1561, pour acquiefcer audit apel ; Arrêt du 14 Fevrier fur ledit acquiefcement fait par ledit Fornier, par vertu de ladite procuration ; procès verbal de l'exécution dudit Arrêt ; congé depuis obtenu, en ladite Cour, contre ledit Edme de Culan & Confors, Apellans de ladite Sentence, non-obftant ledit Arrêt ; autre Arrêt du 20 Décembre 1562, par lequel Me. Jacques Brenier auroit été décerné curateur aufdits moindres, pour la pourfuite de ladite Caufe d'apel ; autre Arrêt du 4 Mai 1563, par lequel auroit été ordonné communication audit Brenier de toutes piéces, & les Parties renvoyées devant le Commiffaire de ladite Cour pour procéder efdites inftances, écritures & avertiffements au reboutement & foutenement d'icelles Lettres ; deffaut obtenu par ledit Sieur de Chatellux, contre icelle de Rabutin, en ladite inftance de garantie ; demande dudit Seigneur aux mêmes fins ; Arrêt du 13 Mai dernier, par lequel auroit été ordonné audit Brenier curateur, former & produire à droit en ladite inftance de Lettres, & ladite de Rabutin & Fornier, & audit d'Aligny entrevenu produire, à leurs fins, dans huitaine pour tout délai ; lequel terme paffé, droit feroit fait, fur ce qui fe trouveroit devers ladite Cour, fans autre forclufion, ou fignification de Requête ; *Extrait, des Régiftres de la Chambre des Comptes à Dijon, contenant la reprife de Fief faite par ledit Sieur d'Aligny au profit du Roi, de ladite moitié de dîxmes des Carrées,* à lui venduë par ledit de Culan ; défenfes, contredits & falvations de ladite nouvelle production par les Parties refpectivement ; le Raport du Commiffaire oüi, & tout confidéré.

LA COUR a débouté & déboute lefdits Edme, Anne, Jean & Jeanne de Culan, moindres, héritiers dudit feu Jean de Culan, procédans de l'autorité dudit Brenier leur curateur, des fruits, & effets de leurfdites Lettres du 23 Août 1562 ; & les a déclaré & déclare non-recevables Apellans de ladite Sentence du Bailli d'Auxois, fans amende, & pour caufe ; ordonne qu'icelle Sentence, Arrêt confirmatif d'icelle, donné fur l'acquiefcement de ladite Rabutin leur mere & tutrice, enfemble l'exécution d'icelui, fortiront leur plein & entier effet, tant contre lefdits pupils, que contre ladite Rabutin leur mere ; comme auffi contre ledit Sieur d'Aligny ; condamne lefdits de Culan, & ledit Brenier leur curateur, en ce nom, és dépens de ladite inftance de Lettres, & apel par eux émis ; & ladite de Rabutin, és dépens de l'inftance de garantie ; & quant audit Fornier, la Cour l'a mis & met hors de Cour & de procès, fans dépens & pour caufe. Fait au Confeil à Dijon, & prononcé, à iffuë d'icelui le 5 Juillet 1564, à Me. Etienne Coufin Procureur dudit Sieur de Chatellux, Affiftant Me. Jean Moreau Sollliciteur. *Signé,* CHANCELIER. Collationné & Signé, Myette. Mr. Bégat Commiffaire.

La commise ... quam ...

Nec ..., quia emptor (Vassallus) cessat de damno evitando, patronus autem
de lucro captando, quia patronus non habet omnino lucrativam causam,
quia propter totalem in feudalioris procedentis ad hoc omis facta, ...
potius ... ad rem suam, & jus antiquam ... , quam ...
... de novo requiret. Molin. in Consuet. §. 30. n. 101.

La commise a lieu dans l'instant
Jus commissi statim rem ipsam afficit. Molin. dict. n. 101. Id. n. 103.
Statim à denegatione fuit acquiretur patronae jus vel actio commissi, quae
rem afficit.

En donnant ... en justice il n'y a lieu au rapport
Si negetur Vassalli ... in judicio, non requiritur probari ... , vel totam culpam
..., Imo, etiamsi is, qui negaret, probaret de justa causa ignorantiae, non audiretur
nec ... poset, ... ante ... , sed per ... probationem ... à Patrono.
Ratio, quia negando ... lese patronum in judicio, & litem contestando ...
hinc est, quod non poset negari, ... veritate, ... , quia ... negatur acquiritum re
jus patrono, & ita ... . Molin. dict. §. 30. n. 68. Il suivroit de ... ici la au n. 28.
qu'il faut voir. Ce qui est adopté par Ricard, sur l'Art. 83 de la nouv. Cout. de Paris.

Sur fruits de la chose tombée en commise
3e. Molin, in dict. §. 30. n. 114, & sequent. Du Plessis, T. 2 f. 39.

4. Molin. in dict. §. 30. n. 110. Des acquisitions faites en fief confisqué

Si aux fiefs concedez par vasta la commise a lieu.
Arrêté, ... Officier, liv. 4. ch. 3. n. 18. Dit que non, suivant de Moulin, sur Cout. §. 30. n. 44. Mais
de Moulin ... ... Et au n. 115. il dit précisément le contraire.